Programmieren mit FORTRAN

Claus C. Berg, *1937, Professor für Allgemeine Betriebswirtschaftslehre, insbesondere Materialwirtschaft und Distribution an der Hochschule der Bundeswehr München. 1972 Promotion zum Dr.rer.pol. an der Universität Mannheim. 1976 Habilitation zur Erlangung der venia legendi für Betriebswirtschaftslehre an der Universität Mannheim.

Claus C. Berg

Programmieren mit FORTRAN

2., verbesserte Auflage

Springer-Verlag Berlin Heidelberg GmbH
1979
ISBN 978-3-7908-0210-8

CIP-Kurztitelaufnahme der Deutschen Bibliothek

Berg, Claus C.:
Programmieren mit FORTRAN / Claus C. Berg. – 2., verb. Aufl. – Würzburg, Wien : Physica-Verlag, 1979.
(Physica-Paperback)

Ursprünglich erschienen bei Physica-Verlag, Rudolf Liebing GmbH + Co., 1979
Composersatz und Offsetdruck „Journalfranz“ Arnulf Liebing GmbH + Co., Würzburg

ISBN 978-3-7908-0210-8 ISBN 978-3-662-41525-2 (eBook)
DOI 10.1007/978-3-662-41525-2

Vorwort

Seitdem im Jahre 1956 die erste Veröffentlichung über FORTRAN erschien, hat das Interesse an dieser Sprache seitens Wissenschaftlern und Praktikern nicht mehr abgenommen. Im Gegenteil, sie erfreut sich wachsender Beliebtheit trotz mannigfacher Kritik. Das mag vielleicht an ihrer vielseitigen Anwendbarkeit liegen, wobei die Vielseitigkeit der Sprache nicht nur hinsichtlich der zu lösenden Probleme gegeben ist, sondern auch in der effektiven Anwendbarkeit auf den unterschiedlichsten Rechenanlagen begründet liegt. Es gibt heute wohl kaum einen Hersteller, der es sich leisten könnte, nicht FORTRAN anzubieten.

FORTRAN besitzt den Vorteil, daß mit ihm sowohl rechenintensive als auch eingabe- und ausgabeintensive Probleme effektiv programmiert werden können. Das sichert dieser Sprache einen breiten Anwendungsbereich sowohl in den Naturwissenschaften, Wirtschafts- und Sozialwissenschaften als auch in der kommerziellen Datenverarbeitung.

1958 erschien die erste Version FORTRAN II, die im Jahre 1962 von FORTRAN IV abgelöst wurde. UNIVAC bietet etwa seit 1968 FORTRAN V an. Die Erweiterungen dieser Version sind allerdings heute bis auf geringe Ausnahmen in die inzwischen verbesserten FORTRAN IV-Versionen der anderen Hersteller eingegangen, so daß ich davon abgesehen habe, hinsichtlich FORTRAN IV und FORTRAN V zu unterscheiden. Welche Abweichungen die FORTRAN-Handbücher der einzelnen Hersteller jedoch aufweisen, wurde mit dem neuesten Entwicklungsstand berücksichtigt. Im wesentlichen liegen dieser Programmieranleitung Erfahrungen auf den Anlagen CDC 6000, IBM/360, IBM 7090/94, UNIVAC 1107/08 und SIEMENS 4004 zugrunde. Um eine einheitliche Darstellung der Sprachelemente zu sichern, wird bis auf wenige Ausnahmen auf die einzelnen Abweichungen nur in Fußnoten hingewiesen.

Das Fach Datenverarbeitung und Programmierung gehört heute sowohl an den naturwissenschaftlichen als auch an den meisten wirtschaftswissenschaftlichen Fakultäten der Hochschulen zum wesentlichen Bestandteil des Grundstudiums. Ich habe daher diese Programmieranleitung, die aus Vorlesungen an den Universitäten Frankfurt/M. und Mannheim entstanden ist, so angelegt, daß sie sowohl zur Begleitung von Programmierkursen als auch zum Selbststudium geeignet ist. Dazu dienen nicht zuletzt die Übungen und Lösungsvorschläge des 11. und 12. Kapitels. Die Übungsaufgaben sind aus dem mathematischen, mathematisch-statistischen, kommerziellen und Unternehmensforschungsbereich gewählt worden. Die Beispiele im Text dienen lediglich der anschaulichen Darstellung neu eingeführter Sprachelemente.

Die Anleitung erhebt nicht den Anspruch, die letzten Feinheiten von FORTRAN dargestellt zu haben. Ich habe auch weniger beabsichtigt, die unterschiedlichen FORTRAN-Versionen der Hersteller darzustellen als das herauszuarbeiten, was allen gemeinsam ist. Der Anfänger sollte sich damit ein Kernwissen in FORTRAN aneignen, das ihn zum selbständigen Programmieren befähigt und auf dessen Grundlage er auch die besonderen Angaben in den Handbüchern der Hersteller auswerten kann.

Hemsbach, im Juli 1972 Claus C. Berg

Vorwort zur 2. Auflage

Die vorliegende 2. Auflage wurde in zweierlei Hinsicht überarbeitet. Zum einen wurden die Erfahrungen eingearbeitet, die in zahlreichen Programmierkursen, denen das Buch als Anleitung zugrunde lag, hinsichtlich didaktischer Verbesserungsmöglichkeiten gewonnen wurden. Zum anderen wurde der Fortschritt in der Sprachentwicklung von FORTRAN berücksichtigt.

Als erfreuliches Ergebnis dieser Entwicklung kann festgestellt werden, daß sich die FORTRAN-Versionen der Hersteller in den vergangenen sieben Jahren seit der ersten Auflage sehr stark angeglichen haben. Die noch feststellbaren Unterschiede liegen einmal in der unterschiedlichen Hardware und in den verschiedenen Betriebssystemen der Rechenanlagen begründet und zum anderen in der Art der Anpassung an das ANSI X 3.9–1966 Standard FORTRAN. So werden die hier definierten Sprachelemente in den Versionen der Hersteller einerseits nicht immer vollständig aufgenommen, andererseits bieten fast alle Hersteller auch Erweiterungen zu diesem Standard an. Die diesbezüglichen Hinweise, die ich in diesem Buch wiedergegeben habe, können jedoch nicht als vollständig betrachtet werden. Um den Leser, der sich ein Kernwissen der Sprache FORTRAN aneignen will, nicht über Gebühr zu strapazieren, werden nur die mir am wichtigsten erscheinenden Abweichungen aufgeführt.

Die Erarbeitung des neuesten Standes von FORTRAN bedingte auch eine veränderte Prioritätensetzung in der Berücksichtigung der hier referierten Herstellerversionen. So wurde in der 2. Auflage darauf verzichtet, auf die FORTRAN IV-Version der IBM 7090/94 hinzuweisen. Stattdessen habe ich die Version von BURROUGHS für die Serien B 7000 / B 6000 berücksichtigt.

Herrn Dipl.-Kfm. Peter Dehio habe ich für wertvolle Hinweise bei der Überarbeitung des Buches zu danken. Mein Dank gilt auch Frau Sigrid Mertens, die in bewährter Weise das sicherlich nicht leichte Manuskript geschrieben und termingerecht fertiggestellt hat.

München, im Januar 1979 Claus C. Berg

Inhaltsverzeichnis

1. Kapitel. Allgemeine Vorbemerkungen

Ein FORTRAN-Programm besteht aus *Vereinbarungen* und ausführlichen *Anweisungen*, die in der vom Programmierer festgelegten Reihenfolge von der Rechenanlage ausgeführt werden. Vereinbarungen sind nichtausführbare Spezifikationsanweisungen. Ein in FORTRAN geschriebenes Programm heißt auch *Quellenprogramm*.

Die vom Programmierer im Quellenprogramm formulierten Anweisungen sind nicht unmittelbar von der Rechenanlage ausführbar. Das FORTRAN-Quellenprogramm muß dazu in eine Folge von Maschinenbefehlen umgewandelt werden. Dieses Programm bezeichnen wir dann als *Objektprogramm*.

Prinzipiell ist es denkbar, jedes Problem, das von der Rechenanlage bearbeitet werden soll, gleich in Maschinensprache, d.h. als Objektprogramm, zu schreiben. Das birgt jedoch im allgemeinen mehrere Nachteile:

1. Maschinensprachen sind hinsichtlich Zeichenvorrat, Orthographie und Syntax stark maschinenabhängig. Ein in Maschinensprache formuliertes Programm ist jeweils nur von einem beschränkten Kreis von Rechenanlagen ausführbar.
2. Programme in Maschinensprache umfassen ein Vielfaches der Anweisungen, die zur Formulierung des Problems in einer problemorientierten Sprache benötigt werden.
3. Maschinensprachen sind weniger leicht erlern- und lesbar als problemorientierte Sprachen. Außerdem erfordert die Programmierung in Maschinensprache einen relativ hohen Schreibaufwand in rein dualem, oktalem oder hexadezimalen Code.

Eine problemorientierte Sprache wie FORTRAN dagegen bietet die Möglichkeit, Aufgaben aus dem naturwissenschaftlichen und technischen wie wirtschaftswissenschaftlichen und kommerziellen Bereich unabhängig vom jeweilig verwandten Maschinentyp programmieren zu können.

FORTRAN ist die Abkürzung von FORmula TRANslation. Dies weist darauf hin, daß die Sprache für die numerische Behandlung von Problemen naturwissenschaftlicher und technischer Art besonders gut geeignet ist. Sie besitzt jedoch den Vorteil, daß man mit ihr auch eingabe- und ausgabeintensive Aufgaben, wie sie vor allem in der kommerziellen Datenverarbeitung auftreten, effizient programmieren kann.

In den letzten Jahren hat eine starke Vereinheitlichung der von den Herstellern angebotenen FORTRAN-Versionen stattgefunden. Während wir in der 1. Auflage dieses Buches noch in relativ großem Umfange auf Abweichungen der einzelnen FORTRAN-Versionen der Hersteller hinweisen mußten, können wir in der 2. Auflage darauf weitgehend verzichten. Die Ursache hierfür liegt

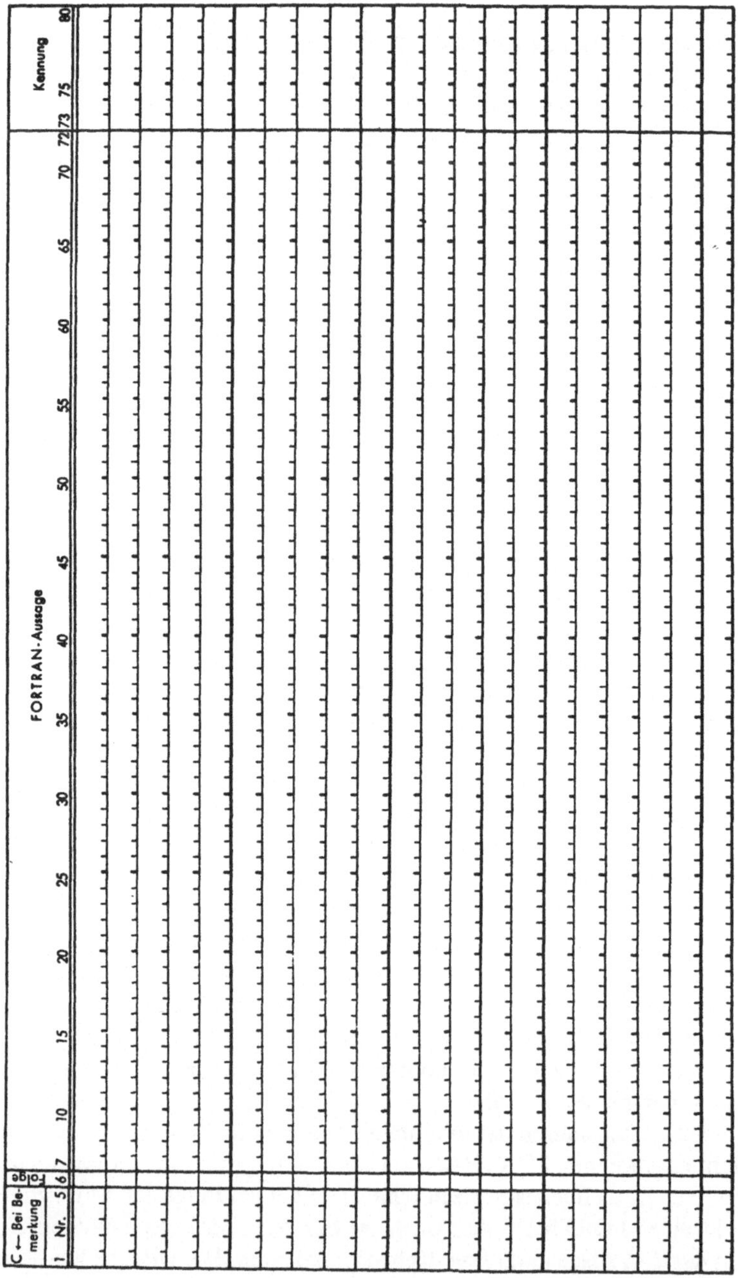

C ← Bei Bemerkung
Nr.
FORTRAN-Aussage
Kennung
1 5 6 7 10 15 20 25 30 35 40 45 50 55 60 65 70 72 73 75 80

Abbildung 1

u.E. vornehmlich in der Anpassung der FORTRAN-Versionen der Hersteller an die beiden Standard-Versionen von FORTRAN, den ANSI (American National Standards Institute)-Standard und den ASCII (American Code for Information Interchange)-Standard, der als eine Fortentwicklung der UNIVAC-Versionen FORTRAN V verstanden werden kann und von diesem Hersteller als eine Erweiterung des ANSI-FORTRAN aufgefaßt wird.

Ein weiteres Kennzeichen dieser Vereinheitlichungstendenz ist darin zu sehen, daß die vom Benutzer noch zu beachtenden Unterschiede in den FORTRAN-Versionen der Hersteller im wesentlichen auf Hardware-Merkmale der jeweiligen Rechenanlage zurückzuführen sind.

Man kann sich das Schreiben von FORTRAN-Programmen durch Codierblätter erleichtern (Abbildung 1). Das Codierblatt weist 80 Spalten auf, die in mehrere Felder unterteilt sind. Die gleiche Anzahl an Spalten und die gleiche Aufteilung der Felder weisen die Lochkarten auf, auf die das Programm zwecks Eingabe in die Rechenanlage gelocht wird.

Das FORTRAN-Codierblatt bzw. die Lochkarte ist in folgende Felder aufgeteilt

Spalten 1 – 5: Anweisungsnummern
Spalte 6: Fortsetzungsmarkierung
Spalten 7 – 72: FORTRAN-Anweisungen und -Vereinbarungen
Spalten 73 – 80: Kennung

Die Spalten 1 bis 5 können Anweisungsnummern enthalten. Anweisungsnummern sind beliebige ganze, positive Zahlen. Keine Anweisungsnummer darf in einem Programm doppelt vergeben werden. Eine bestimmte Reihenfolge der Vergabe von Anweisungsnummern braucht nicht eingehalten zu werden.

Für jede Anweisung oder Vereinbarung in FORTRAN ist eine Zeile auf dem Codierblatt zu schreiben bzw. auf eine Lochkarte zu lochen. Ist der Text der Anweisung länger als 66 Spalten (Spalte 7 bis Spalte 72), so kann der Text auf der nächsten Zeile bzw. auf einer anderen Lochkarte fortgesetzt werden. Diese neue Zeile oder neue Lochkarte ist als Fortsetzungskarte zu kennzeichnen. Die Kennzeichnung ist in Spalte 6 durch eine der Ziffern 1 – 9 (keine Null) vorzunehmen. Je nach Maschinentyp können unterschiedliche Mengen von Fortsetzungskarten benutzt werden.

Der Inhalt der Spalten 73 – 80 wird nicht als Programmtext interpretiert. Die Spalten stehen damit einer Kennung der Lochkarten zur Verfügung.

Das Programm wird in der Regel auf dem Maschinenausdruck der Rechenanlage abgedruckt. Eine größere Übersichtlichkeit und leichtere Lesbarkeit des Programms kann durch das Hinzufügen von Kommentarkarten erzielt werden. Eine Kommentarkarte wird durch ein „C" in Spalte 1 gekennzeichnet. Die restlichen 79 Spalten können mit beliebigem Text beschrieben werden.

Der Text wird vom Compiler nicht als Bestandteil des FORTRAN-Programms aufgefaßt. Er erscheint nur an entsprechender Stelle im Maschinenausdruck des Programms. Kommentarkarten können an beliebiger Stelle des Programms eingefügt werden, nur nicht zwischen Fortsetzungskarten. Mehrere Kommentarkarten hintereinander sind jeweils wieder mit einem „C" in der ersten Spalte zu kennzeichnen.

Die Compiler einiger Hersteller[1]) ermöglichen es darüber hinaus, zwei oder mehr ausführbare Anweisungen, durch Semikolon getrennt, auf einer Karte abzulochen. Außerdem ist es möglich, nach Anweisungen ein %-Zeichen zu setzen und anschließend einen Kommentar anzufügen.

Der Zeichenvorrat von FORTRAN

Folgende Zeichen können bei Formulierung eines FORTRAN-Programms auf allen Rechenanlagen benutzt werden:

26 alphabetische Zeichen

A B C D E F G H I J K L M N O P Q R S T
U V W X Y Z

10 numerische Zeichen

0 1 2 3 4 5 6 7 8 9

12 Sonderzeichen

: + – * / . , = ( ) ' Blank[2])

Weitere Sonderzeichen können je nach Maschinentyp verwendet werden. Darüber hinaus ist zu vermerken, daß einige Maschinentypen bei literalen Konstanten und in Kommentarzeilen auch Kleinbuchstaben und weitere Zeichen zulassen, die vom Code-System der Rechenanlage erfaßt sind.

Alphabetische und numerische Zeichen bezeichnen wir im folgenden als alphanumerische Zeichen. Die Zeichen in ihrer Gesamtheit sind alphamerische Zeichen.

Ein FORTRAN-Programm ist eine Menge von Anweisungen, die in der vom Programmierer festgelegten logischen Aufeinanderfolge ausgeführt wird. FORTRAN kennt fünf Anweisungsarten:

1. Ergibtanweisungen,
2. Steueranweisungen,
3. Eingabe-Ausgabe-Anweisungen,
4. organisatorische Anweisungen,
5. Spezifikationsanweisungen (Vereinbarungen).

---

[1]) Z.B. BURROUGHS 7000/6000.

[2]) Das Zeichen „Blank" bedeutet ungelochte Spalte und wird im Text durch ein ␣ gekennzeichnet.

2. Kapitel. Ergibtanweisung, Operanden und Operatoren

2.1 Die Ergibtanweisung

Eine *Ergibtanweisung* hat die allgemeine Formel

v = e

v ist der Name einer *Variablen* oder einer *Funktion*
e ist ein *Ausdruck*
= ist ein Sonderzeichen mit der Wirkung, daß der mit dem Ausdruck „e" auf der rechten Seite der Anweisung ermittelte Wert der Variablen oder Funktion mit dem Namen „v" zugewiesen wird.

Ein *Ausdruck* kann gebildet werden aus

1. einer *Konstanten*,
2. einer *Variablen*,
3. einer *Funktion*,
4. einer Folge von Konstanten, Variablen und/oder Funktionen, die durch Operatoren miteinander verknüpft sind.

Konstanten, Variablen und Funktionen sind also die Operanden, aus denen Ergibtanweisungen gebildet werden. Um Ergibtanweisungen schreiben zu können, müssen wir wissen, was in FORTRAN unter Konstanten und Variablen verstanden wird. Die Darstellung von Funktionen wird einem späteren Kapitel vorbehalten.

2.2 Konstanten

Wir unterscheiden in FORTRAN im wesentlichen sechs Typen von Konstanten:

1. INTEGER,
2. REAL,
3. DOUBLE PRECISION,
4. COMPLEX,
5. LOGICAL,
6. LITERAL bzw. CHARACTER.

2.2.1 INTEGER-*Konstanten*

In der Literatur ist statt INTEGER-Konstante auch der Begriff Festkommakonstante gebräuchlich. Eine INTEGER-Konstante ist eine ganze Zahl, die in dem Speicherwort exakt dargestellt wird. Die maximalen Absolutwerte der INTEGER-Konstanten werden durch die Anzahl der Speicherbits des Speicherwortes definiert.

Bei der 48-Bit-Wortmaschine BURROUGHS 7000/6000 beträgt der höchste ganzzahlig speicherbare Absolutwert $2^{39} - 1$, da 8 Bits des Speicherworts nicht zur Darstellung der Zahl zur Verfügung stehen (1 Bit ist für das Vorzeichen reserviert).

Bei der 60-Bit-Wortmaschine CDC 6000 beträgt der höchste ganzzahlig speicherbare Absolutwert $2^{59} - 1$.

Bei Byte-Maschinen wie dem IBM-System/360 und 370 und dem SIEMENS-System 7.000 und 4004, die standardmäßig 4 Bytes (1 Byte = 8 Bits), also insgesamt 32 Bits zur Speicherung eines Zahlenwerts zur Verfügung stellen, beträgt der höchste ganzzahlig speicherbare Absolutwert $2^{31} - 1$. Bei Vereinbarung größerer Wortlängen ist dieser Wert natürlich entsprechend höher.

Bei der 36-Bit-Wortmaschine UNIVAC 1107/98 beträgt der höchste ganzzahlig speicherbare Absolutwert $2^{35} - 1$.

Werden dem Speicherwort beim Einlesen von Daten oder während eines Berechnungsprozesses höhere Zahlenwerte zugewiesen, so wird dieser Wert verstümmelt. In der Regel erfolgt dies durch Abschneiden der überzähligen Ziffern auf der linken Seite der Zahl. Nicht jede Rechenanlage macht darauf mit einer Fehlermeldung aufmerksam.

Orthographie der INTEGER-Konstanten

INTEGER-Konstanten schreibt man nur mit Ziffern und Vorzeichen. Das Pluszeichen ist fakultativ.

2.2.2 REAL-Konstanten

REAL-Konstanten, auch Gleitkommakonstanten genannt, sind ganze und gebrochene Zahlen, die mit Dezimalpunkt[3]) und/oder einem Dezimalexponenten geschrieben werden. Die maximalen absoluten Zahlenwerte sind wie im Falle der INTEGER-Konstanten wieder von der Anzahl der zur Verfügung stehenden Speicherbits abhängig.

REAL-Konstanten werden in Gleitkommadarstellung gespeichert. Die Gleitkommadarstellung geht davon aus, daß jede reelle Zahl in einer normalisierten Form darstellbar ist, d.h. als Mantisse multipliziert mit einer Exponentialzahl.

Beispiele:

81.67 ist gleichwertig zu $0.8167 \cdot 10^{2}$

0.0643 ist gleichwertig zu $0.643 \cdot 10^{-1}$

---

[3]) In FORTRAN gibt es nur den Dezimalpunkt, nicht das im deutschen Sprachgebiet übliche Dezimalkomma.

Die Ziffernfolge *hinter* dem Dezimalpunkt wird als Mantisse bezeichnet. Vereinbart man eine bestimmte Basis für den Exponenten, so ist jede reelle Zahl durch Mantisse und Exponenten eindeutig festgelegt.

Bei der Gleitkommadarstellung von reellen Zahlen im Speicher einer Rechenanlage wird die Basis 2 oder eine Potenz von 2 gewählt.

Beispiel:

Die Zahl 37.5 lautet in dualer Schreibweise
100101.1 $(= 1 \cdot 2^5 + 0 \cdot 2^4 + 0 \cdot 2^3 + 1 \cdot 2^2 + 1 \cdot 2^1 + 1 \cdot 2^0 + 1 \cdot 2^{-1} = 37.5)$

Bei Wahl der Basis 2 wird diese Zahl gespeichert als
$0.1001011 \cdot 2^6$

Hat man sich bei einem bestimmten Maschinentyp auf eine Basis geeinigt, so genügt es zur eindeutigen Fixierung des Zahlenwerts, abgesehen vom Vorzeichen der Zahl, nur *Mantisse* und *Exponenten* (bzw. eine auf dem Exponentenwert aufbauende *Charakteristik*) zu speichern.

Die Aufteilung der zur Verfügung stehenden Anzahl der Speicherbits für Mantisse und Exponent ist bei den einzelnen Rechenanlagen unterschiedlich. Von den 36 Bits des Speicherwortes der UNIVAC 1107/08 werden z.B. 27 Bits für die Speicherung der Mantisse und 8 Bits für die Speicherung des Exponenten verwendet. Von den 32 Bits des standardmäßig vereinbarten Speicherwortes des SIEMENS-Systems 7.000/4004 werden 24 Bits für die Speicherung der Mantisse und 7 Bits für die Speicherung des Exponenten verwandt. Das erste Bit (von links) wird jeweils für die Speicherung des Vorzeichens reserviert.

Diese von den Herstellern gewählte unterschiedliche Speicherwortaufteilung bestimmt die Genauigkeit und den absoluten Betrag der dargestellten reellen Zahl. Je größer der Speicherplatz für die Mantisse ist, desto mehr Dualstellen der Mantisse sind speicherbar, d.h. desto mehr Ziffern der ursprünglichen Zahl sind *genau* darstellbar. Je größer der Speicherplatz für den Exponenten ist, desto höher bzw. desto kleiner ist der darstellbare Betrag der Zahl.

Auf der BURROUGHS 7000/6000 liegt der darstellbare Wert einer REAL-Konstanten zwischen $8.8 \cdot 10^{-47}$ und $4.3 \cdot 10^{68}$.

Auf der CDC 6000 sind bis zu 14 Ziffern genau darstellbar. Die Beträge der reellen Zahlen liegen zwischen ca. 10^{-293} und 10^{322}.

Auf dem IBM-System/360 und 370 und dem SIEMENS-System 7.000 und 4004 sind maximal 7 wesentliche Ziffern bei standardmäßiger Vereinbarung eines Speicherwortes genau darstellbar. Die Beträge der reellen Zahlen liegen zwischen ca. 10^{-76} und 10^{76}.

Auf der UNIVAC 1107/08 sind maximal 9 wesentliche Ziffern genau darstellbar. Die Beträge der reellen Zahlen liegen zwischen ca. 10^{-38} und 10^{38}.

Orthographie der REAL-Konstanten

Eine REAL-Konstante ist zu definieren als

1. Ziffernfolge *mit* Dezimalpunkt, der ein Dezimalexponent folgen *kann*, oder als
2. Ziffernfolge *ohne* Dezimalpunkt, der ein Dezimalexponent folgen *muß*. Der Dezimalexponent muß durch ein „E" gekennzeichnet werden. Der Exponent darf nicht mehr als zwei Ziffern aufweisen[4]). Bei einem positiven Exponenten ist das Pluszeichen fakultativ.

Beispiele:

183	schreibt man	183.	oder	183.E+0
	oder	183.E+00	oder	183.E0
	oder	1.830E+02	oder	1.83E2
0,17	schreibt man	0.17		
	oder	1.70E–01	oder	1.70E–1
$-18{,}84 \cdot 10^{-3}$	schreibt man	– 18.840E–03	oder	– 18.840E–3
	oder	–0.1884E–01	oder	–0.18840E–1
	oder	–0.01884	oder	–0.01884E0
0	schreibt man	0.0 oder .0	oder	0.E+0

**2.2.3 Erhöhtgenaue Konstanten* (DOUBLE PRECISION)

Fast alle Rechenanlagen sehen vor, daß doppelt soviele Speicherbits, wie standardmäßig vereinbart sind, belegt werden können. Dazu bedarf es allerdings einer besonderen Spezifikationsanweisung (vgl. 2.3.3). Mit der doppelten Anzahl an Speicherbits kann ein Zahlenwert erhöhtgenau (mehr wesentliche Ziffern genau) und/oder mit höheren bzw. niedrigeren Beträgen gespeichert werden. Dies hängt natürlich wieder von der Aufteilung der Speicherbits ab.

Auf der BURROUGHS 7000/6000 wird eine Genauigkeit von 22 wesentlichen Dezimalziffern erreicht. Der Wertebereich der darzustellenden Zahl liegt zwischen ca. 10^{-29581} und 10^{29603}.

Auf der CDC 6000 wird eine Genauigkeit von 29 Ziffern erreicht. Der Wertebereich bleibt unverändert.

IBM-System/360 und 370 und SIEMENS-System 7.000 und 4004 verwenden 8 Bytes, das sind 64 Bits zur Speicherung der erhöhtgenauen Zahl und erzielen damit eine Genauigkeit von 16 wesentlichen Dezimalziffern. Der Werte-

4) Bei der FORTRAN-Version von CDC 6000 ist auf die Möglichkeit zu achten, drei Ziffern zu definieren.

*) Die mit * gekennzeichneten Abschnitte sollten von Anfängern zunächst überlesen werden.

bereich bleibt unverändert. Das SIEMENS-System 7.000 und 4004 läßt auch eine Vereinbarung von 16 Bytes zur Definition von erhöhtgenauen Konstanten zu, die bei gleichem Wertebereich 32 wesentliche Ziffern genau darzustellen gestattet.

Auf der UNIVAC 1107/08 wird eine Genauigkeit von 18 wesentlichen Ziffern erreicht. Der Wertebereich für den Betrag der darzustellenden reellen Zahlen liegt zwischen ca. 10^{-308} und 10^{308}.

Orthographie der erhöhtgenauen Konstanten

Eine erhöhtgenaue Konstante ist zu definieren als Ziffernfolge mit oder ohne Dezimalpunkt, der ein Dezimalexponent folgen *muß* [5]). Der Dezimalexponent muß im Falle erhöhtgenauer Darstellung durch ein „D" gekennzeichnet werden.

Beispiele:

18	schreibt man erhöhtgenau	18.D0 oder 18D0
31,4386745	schreibt man erhöhtgenau	0.314386745D+2 oder 31.4386745D0
0	schreibt man erhöhtgenau	0.0D0 oder 0D0

2.2.4 Komplexe Konstanten (COMPLEX)

Eine komplexe Konstante besteht aus einem Realteil und einem Imaginärteil.

Orthographie der komplexen Konstanten

Komplexe Konstanten werden als ein Paar durch Komma getrennter reeller Konstanten geschrieben, das durch Klammern eingeschlossen ist. Die erste reelle Konstante gibt den Realteil an, die zweite gibt den Imaginärteil an.

Beispiele:

8,4 + 19i schreibt man (8.4, 19.)

0,637 – 4,5i schreibt man (0.637,– 4.5) oder (637.E–3,–4.5)

Genauigkeit und Bereich ergeben sich aus den Angaben für die reellen Konstanten.

2.2.5 Logische Konstanten (LOGICAL)

Logische Konstanten werden auch *Boolesche Konstanten* genannt. Sie können nur die Werte wahr (TRUE) oder falsch (FALSE) annehmen.

---

[5]) Bei SIEMENS-System 7.000/4004 muß kein Exponent angegeben werden, wenn die Zahl der wesentlichen Ziffern größer als 8 ist.

Orthographie der logischen Konstanten

falsch schreibt man .FALSE.
wahr schreibt man .TRUE.

2.2.6 Literale Konstanten (LITERAL bzw. CHARACTER)

Literale Konstanten werden auch als alphamerische Konstanten oder Hollerith-Konstanten bezeichnet. Sie sind als Ausdruck einer Ergibtanweisung nur auf dem IBM-System/360 und 370 nicht definierbar.

Orthographie der literalen Konstanten in Ergibtanweisungen

Eine literale Konstante ist eine Folge von maximal v alphamerischen Zeichen, die in einem Hollerithfeld definiert sind. v ist im Hinblick auf die Länge der Speicherworte und die verwendeten Codes auf den verschiedenen Rechenanlagen unterschiedlich definiert. Zur Definition der literalen Konstanten werden der alphamerischen Zeichenkette die Zeichen nH vorangesetzt, wobei n die Zahl der Zeichen angibt, die dem H folgend zu einer literalen Konstanten zusammengefaßt werden. Eine andere Art der Definition einer literalen Konstanten ist dadurch möglich, daß die Zeichenkette in Hochkommata eingeschlossen wird. Ist n > v, so werden nur die ersten v links stehenden Zeichen gespeichert.

Beispiel für v = 6:

6HFORTRA	oder	'FORTRA'
4HPROG	oder	'PROG'
5H1234A	oder	'1234A'

8HPROGRAMM ist gleichwertig 6HPROGRA

Auf einigen Rechenanlagen[6]) ist die Verwendung oktaler und/oder hexadezimaler Konstanten möglich. (Vgl. hierzu die Angaben der Hersteller).

2.3 Variablen

Variablen sind Größen, die im Rechenprozeß verschiedene Werte annehmen können. Bei der Namensbildung von Variablen sind drei Regeln zu beachten:

1. Der symbolische Name einer Variablen wird gebildet aus 1 bis 6 Zeichen.
2. Es dürfen nur alphanumerischen Zeichen, also keine Sonderzeichen verwendet werden. Zwar kann man zwischen die Zeichen einer Variablen Blanks (␣) setzen, sie dienen jedoch nicht der Unterscheidung von variablen Namen (z.B. EK␣SBE␣T = EKSBET).
3. Das Zeichen darf kein numerisches Zeichen sein.

[6]) BURROUGHS 7000/6000, UNIVAC 1107/08.

Beispiele für Variablennamen:

richtig:	falsch:
APOLLO	DONNERSTAG
MARK	9ABCD
I	AA, BB
III	
A634B	

Wir unterscheiden in FORTRAN analog zu den Konstanten sechs Arten von Variablen:

1. INTEGER,
2. REAL,
3. DOUBLE PRECISION,
4. COMPLEX,
5. LOGICAL,
6. LITERAL bzw. CHARACTER.

2.3.1 INTEGER-*Variablen*

Die Werte von INTEGER-Variablen werden in Festkommadarstellung gespeichert. Nach der FORTRAN-Konvention muß eine INTEGER-Variable mit einem der alphabetischen Zeichen

I J K L M N

beginnen[7]).

2.3.2 REAL-*Variablen*

Die Werte von REAL-Variablen werden in Gleitkommadarstellung gespeichert. Nach der FORTRAN-Konvention muß eine REAL-Variable mit einem anderen als den für INTEGER-Variablen reservierten Zeichen beginnen.

**2.3.3 Erhöhtgenaue Variablen* (DOUBLE PRECISION)

Erhöhtgenaue Variablen müssen mittels einer besonderen Spezifikationsanweisung vereinbart werden. Eine Spezifikation mittels des Anfangsbuchstabens ist hier nicht möglich. Die Spezifikationsanweisung lautet:

```
DOUBLE PRECISION
```

Sollen die Variablen ADAM und EVA erhöhtgenau vereinbart werden, so ist zu schreiben:

---

[7]) Weitere Möglichkeiten der Spezifikation werden im 10. Kapitel behandelt.

DOUBLE PRECISION ADAM, EVA

Auf fast allen Rechenanlagen ist eine Spezifikation der Art

REAL*8 ADAM, EVA

gleichwertig[8]).

Mehrere Variablen sind durch Kommata zu trennen.

2.3.4 Komplexe Variablen (COMPLEX)

Komplexe Variablen müssen mittels der Spezifikationsanweisung

COMPLEX

vereinbart werden.

Sollen die Variablen A, B und C komplex vereinbart werden, so ist zu schreiben:

COMPLEX A, B, C

Mehrere Variablen sind durch Kommata zu trennen.

**2.3.5 Logische Variablen* (LOGICAL)

Logische Variablen, auch Boolesche Variablen genannt, müssen mittels der Spezifikationsanweisung

LOGICAL

vereinbart werden.

Sollen die Variablen X, Y, Z als logische Variablen vereinbart werden, so ist zu schreiben:

LOGICAL, X, Y, Z

Mehrere Variablen sind durch Kommata zu trennen.

**2.3.6 Literale Variablen* (LITERAL bzw. CHARACTER)

Diese Variablen können nicht vereinbart werden. Sie können generell nur ein Speicherwort oder eine standardmäßige Zusammenfassung von Bytes belegen.

Wir werden an späterer Stelle weitere Arten von Variablen darstellen, genauso wie wir die Behandlung der Funktionen einem anderen Kapitel vorbehalten haben. Der Anfänger hat aber nun genügend Grundkenntnisse gesammelt, um mit Konstanten und Variablen als Operanden Ausdrücke und damit Ergibtanweisungen zu formulieren.

---

[8]) Spezifikationen dieser Art werden im 10. Kapitel eingehend behandelt.

Bevor wir allerdings damit beginnen können, sind die Operatoren darzustellen, mittels derer die Konstanten und Variablen zu Ausdrücken verknüpft werden.

2.4 Operatoren

Wir unterscheiden in FORTRAN arithmetische und logische Operatoren.

Arithmetische Operatoren

Arithmetische Operatoren sind Operatoren, mit denen folgende Operationen ausgeführt werden:

Operation:	Operator:
Addition	+
Subtraktion	−
Multiplikation	*
Division	/
Exponentiation	** (zwei Sterne)

Logische Operatoren

FORTRAN unterscheidet zwei Klassen von logischen Operatoren.

1. *Vergleichsoperatoren*, die sich nur auf *arithmetische* Konstanten und Variablen beziehen.

Vergleichs-operatoren	entsprechend. algeb. Symbol	Ausdruck[9])	Resultat
.EQ.	$=$	A.EQ.B	.TRUE. für $A = B$ .FALSE. für $A \neq B$
.NE.	$\neq$	A.NE.B	.TRUE. für $A \neq B$ .FALSE. für $A = B$
.LT.	$<$	A.LT.B	.TRUE. für $A < B$ .FALSE. für $A \geqslant B$
.LE.	$\leqslant$	A.LE.B	.TRUE. für $A \leqslant B$ .FALSE. für $A > B$
.GT.	$>$	A.GT.B	.TRUE. für $A > B$ .FALSE. für $A \leqslant B$
.GE.	$\geqslant$	A.GE.B	.TRUE. für $A \geqslant B$ .FALSE. für $A < B$

[9]) Variable müssen vom gleichen Typ sein, dürfen aber niemals vom logischen oder komplexen Typ sein.

2. *Boolesche Operatoren,* die sich nur auf *logische* Variablen beziehen.

Boolesche Operatoren	entsprechend. algeb. Symbol	Ausdruck	Resultat	A	B
.NOT.	¬	.NOT.A	.TRUE.	.FALSE.	
			.FALSE.	.TRUE.	
.AND.	∧	A.AND.B	.TRUE.	.TRUE.	.TRUE.
			.FALSE.	.TRUE.	.FALSE.
			.FALSE.	.FALSE.	.TRUE.
			.FALSE.	.FALSE.	.FALSE.
.OR.	∨	A.OR.B	.TRUE.	.TRUE.	.TRUE.
			.TRUE.	.TRUE.	.FALSE.
			.TRUE.	.FALSE.	.TRUE.
			.FALSE.	.FALSE.	.FALSE.

Bei einigen Rechenanlagen werden weitere Operatoren verwendet[10]).

3. Kapitel. Arithmetische und logische Ausdrücke

3.1 Arithmetische Ausdrücke

Ein arithmetischer Ausdruck kann, wie bereits definiert wurde, eine Konstante sein.

S sei der Name einer Variablen, dann ist

S = 4.7

eine arithmetische Ergibtanweisung mit der Wirkung, daß der Variablen S auf der linken Seite der Wert des Ausdrucks (hier eine Konstante) auf der rechten Seite zugewiesen wird.

Da nach der Definition auch eine Variable ein arithmetischer Ausdruck sein kann, ist auch

A = B

eine gültige Ergibtanweisung, sofern der Wert der Variablen B bereits definiert wurde.

Die Ergibtanweisung stellt einen Befehl an die Rechenanlage dar, den Wert, den die Variable B hat, der Variablen A zuzuweisen.

An diesem Beispiel wird deutlich, daß eine Ergibtanweisung in FORTRAN keine Identität im algebraischen Sinne darstellt.

---

[10]) BURROUGHS 7000/6000 und SIEMENS-System 7.000/404.

Ein arithmetischer Ausdruck kann aber auch eine Folge von Konstanten und/oder Variablen sein, die durch Operatoren miteinander verknüpft sind. Ein einfaches Beispiel enthält folgende Ergibtanweisung:

SUMME = SUMME + 1.

Der arithmetische Ausdruck auf der rechten Seite addiert zu dem Wert der Variablen SUMME eine 1. und weist das Ergebnis als neuen Wert wieder der Variablen SUMME zu. Die Variablen in einem arithmetischen Ausdruck müssen grundsätzlich vorher definiert worden sein, um die Berechnung ausführen zu können.

Bei arithmetischen Ausdrücken, die mehr als zwei Operanden miteinander verknüpfen, ist zu beachten, daß die Operationen in einer bestimmten Rangordnung durchgeführt werden.

Die Rangfolge, in der Operationen ausgeführt werden lautet:

1. Funktionsaufrufe
2. Exponentiation (**)
3. Vorzeichenoperationen
4. Multiplikation und Division (* und /)
5. Addition und Subtraktion (+ und –)

Operationen des gleichen Rangs werden *von links nach rechts* ausgeführt.

Der arithmetische Ausdruck

– A*6.7 + XR / S45 – D**2.

wird dann in der folgenden Reihenfolge berechnet:

Schritt	Operation		Zwischen-ergebnis	Bemerkungen
1	D**2	→	Z1	Exponentiation
2	–A	→	Z2	Vorzeichenoperation
3	Z2*6.7	→	Z3	Operationen des gleichen
4	XR / S45	→	Z4	Rangs von links nach rechts
5	Z3+Z4	→	Z5	Operationen des gleichen
6	Z5–Z1	→	Z6	Rangs von links nach rechts

Eine Vorzeichenoperation ist durchzuführen, wenn ein Minuszeichen links von einem arithmetischen Ausdruck steht.

Eine Ausnahme von der Regel „von links nach rechts im gleichen Rang“ ist bei aufeinanderfolgenden Exponentiationen zu beachten.

A**B**C wird berechnet:

1. Schritt: B**C → Z1
2. Schritt: A**Z1

Als weitere Regel zum Gebrauch von Operatoren ist zu beachten, daß zwei Operatoren nie nebeneinander stehen dürfen:

falsch: A∗ − C richtig: − A∗C

Nicht immer ist es erwünscht, daß die Operationen in der beschriebenen Reihenfolge ausgeführt werden. FORTRAN sieht daher vor, daß die standardmäßige Reihenfolge der Operationen durch Klammern geändert werden kann. Die neue Reihenfolge ist dann insofern gegeben, als zuerst die in Klammern gesetzten Operationen berechnet werden. Enthält der Ausdruck geschachtelte Klammern, dann werden zuerst die Operationen der *inneren* Klammern ausgeführt.

Der Ausdruck

```
1./T**2*((B-A)/5.*C)**S
```

wird in folgenden Schritten berechnet

Schritt	Operation	Zwischen-ergebnis	Bemerkungen
1	B–A	Z1	innere Klammer
2	Z1/5.	Z2	äußere Klammer, Operationen
3	Z2∗C	Z3	von links nach rechts
4	T∗∗2.	Z4	1. Exponentiation
5	Z3∗∗S	Z5	2. Exponentiation
6	1./Z4	Z6	Division und Multiplikation
7	Z6∗Z5	Ergebnis	von links nach rechts

Die algebraische Darstellung dieses Ausdrucks ist also

$$\frac{1}{T^2} \cdot \left(\frac{B-A}{5} \cdot C\right)^S .$$

Ein algebraischer Ausdruck der Form

$$\left(\frac{4{,}7 \cdot 5{,}6}{8{,}3 + 4}\right)^2$$

wird umgekehrt jetzt als arithmetischer Ausdruck in FORTRAN wie folgt geschrieben:

```
(4.7*5.6/(8.3 + 4.))**2.
```

An diesen Beispielen wird deutlich, daß FORTRAN-Regeln weitgehend auf die Regeln der Algebra abgestimmt sind. Das Schreiben von arithmetischen Ausdrücken wird auch dadurch erleichtert, daß redundante Klammern zur besseren Übersichtlichkeit gesetzt werden dürfen.

Der Ausdruck (A) ist gleichwertig zu A,
entsprechend ist 8.3*4.5/7.1 gleichwertig zu (8.3*4.5)/7.1.

Bislang haben wir nur reelle Konstanten und Variablen durch Operatoren verknüpft. Die oben beschriebenen Regeln gewinnen besondere Bedeutung, wenn man arithmetische Ausdrücke vom ganzzahligen Typ betrachtet.

Arithmetischer Ausdruck vom ganzzahligen Typ

Die vorherigen Beispiele haben gezeigt, daß die Auswertung des arithmetischen Ausdrucks immer durch paarweise „Verarbeitung" der Operanden erfolgt. Dabei ergibt die Operatorverknüpfung zweier ganzzahliger Größen wieder eine ganzzahlige Größe. Das bedeutet aber auch, daß bei der Division zweier ganzzahliger Werte wieder ein ganzzahliger Wert errechnet wird, gegebenenfalls durch Abschneiden der Nachkommastellen. Die Auswirkungen dieser Regel zeigen folgende Beispiele:

Ausdruck	Wert des Ausdrucks
4/2	2
4/3	1
4/5	0
16/10*2	2
16/(10*2)	0
16*2/10	3
16*(2/10)	0

Der ganzzahlige Divisionsrest kann beispielsweise mit folgender Ergibtanweisung berechnet werden:

I = I − (I/J) * J

Die dargestellte Eigenschaft der Division ganzer Zahlen ist auch bei arithmetischen Ausdrücken vom gemischten Typ zu beachten.

Arithmetischer Ausdruck vom gemischten Typ

Ein arithmetischer Ausdruck vom gemischten Typ enthält Konstanten und/oder Variablen verschiedenen Typs.

Beispiele:

1. X*X − 4*Y*Z
2. MARK/MENGE + P*S
3. 3*4/5.1 + 6.2/3

Die obigen Ausdrücke enthalten Konstanten und Variablen des reellen und ganzzahligen Typs.

In früheren Versionen von FORTRAN (FORTRAN II und zu Beginn des Einsatzes von FORTRAN IV) waren Ausdrücke vom gemischten Typ nicht erlaubt. Heute ist die gemischte Arithmetik in den Standardversionen ANSI und ASCII von FORTRAN üblich.

Das Ergebnis des arithmetischen Ausdrucks vom gemischten Typ ist vom Typ des höchstrangigen Operanden.

Es gilt folgende Rangeinteilung:

1. erhöhtgenaue und komplexe Operanden
2. reelle Operanden
3. ganzzahlige Operanden.

Die folgende Tabelle gibt eine Übersicht über den Typ des Ergebnisses für Verknüpfungen jeweils zweier Operanden.

Operand \ Operand	INTEGER	REAL	DOUBLE PRECISION	COMPLEX
INTEGER	ganzzahlig	reell	erhöhtgenau	komplex
REAL	reell	reell	erhöhtgenau	komplex
DOUBLE PRECISION	erhöhtgenau	erhöhtgenau	erhöhtgenau	komplex
COMPLEX	komplex	komplex	komplex	komplex

1. Beispiel:

A + 8 / 12

Rechenschritt	Operation	Zwischenergebnis	Typ
1	8/12	Z1 (= 0)	INTEGER
2	A + Z1	Z2 (= A)	REAL

2. Beispiel:

X * I * (M − 4) * (3/4)

Rechenschritt	Operation	Zwischenergebnis	Typ
1	M − 4	Z1	INTEGER
2	3/4	Z2 (= 0)	INTEGER
3	X*I	Z3	REAL
4	Z3 * Z1	Z4	REAL
5	Z4 * Z2	Z5 (= 0.)	REAL

Erst bei der paarweisen Auswertung der einzelnen Operationen erfolgt die Umwandlung der Operanden in den Typ des jeweils höchstrangigen Operanden. Dies führte in beiden Beispielen zu einer Division von INTEGER-Operanden mit den bereits geschilderten Eigenschaften. Eine REAL-Variable oder Konstante *irgendwo* im arithmetischen Ausdruck wandelt also keineswegs alle INTEGER-Größen vor dem 1. Rechenschritt in REAL-Größen um.

Im Falle, daß der arithmetische Ausdruck auf der rechten Seite der Ergibtanweisung von einem anderen Typ als die Variable auf der linken Seite ist, wird zuerst der Ausdruck, wie oben beschrieben, berechnet. Anschließend wird der Wert des Ausdrucks der Variablen zugewiesen. Ist die Variable auf der linken Seite der Ergibtanweisung von einem anderen Typ als der Ausdruck, so wird der Typ des Ausdrucks in den Typ der Variablen umgewandelt. Ist z.B. der Ausdruck vom reellen Typ und die Variable vom ganzzahligen Typ, so wird der reelle Ausdruck zu einem ganzzahligen umgewandelt, wobei eventuell vorhandene Nachkommastellen abgeschnitten werden.

Beispiel:

```
M = 4.7 * 2.0
```

Der Wert des Ausdrucks ist 9.4. Da er der Variablen M zugewiesen werden soll, wird er in einen ganzzahligen Wert umgewandelt, der in diesem Fall 9 beträgt. Die INTEGER-Variable M erhält dann den Wert 9.

Der Anfänger ist mit dem dargestellten Stoff nun in der Lage, arithmetische Ergibtanweisungen zu schreiben.

*3.2 Logische Ausdrücke

Ein logischer Ausdruck kann gebildet werden aus

1. einer logischen (Booleschen) Konstanten,
2. einer logischen (Booleschen) Variablen,
3. einer logischen (Booleschen) Funktion,
4. einer Folge von logischen Konstanten, Variablen und/oder Funktionen, die durch logische Operatoren (.AND., .OR., .NOT.) miteinander verknüpft sind,
5. zwei arithmetischen Ausdrücken, die durch Vergleichsoperatoren miteinander verknüpft sind.

Unterstellen wir, daß LOG1, LOG2, LOG3 logische Variablen sind, dann sind folgende logische Ausdrücke denkbar

```
.FALSE.
LOG3
LOG2 .AND. LOG1
A .GE. B
```

X .GE. Y .OR. V .LT. W
V .LT. W .AND. LOG3

Bei der Bildung von logischen Ausdrücken mittels zweier durch Vergleichsoperatoren verknüpfter arithmetischer Operatoren ist darauf zu achten, daß falls komplexe arithmetische Ausdrücke verwendet werden, diese nur durch .EQ. oder .NE. verknüpft werden dürfen.

Bei logischen Ausdrücken, die mehr als zwei Operanden miteinander verknüpfen, ist zu beachten, daß die Operationen in einer bestimmten Rangordnung durchgeführt werden.

Die Rangfolge, in der die Operationen ausgeführt werden, lautet:

1. Auswertung von Funktionen
2. Exponentiation (**)
3. Vorzeichenoperation
4. Multiplikation und Division (* und /)
5. Addition und Subtraktion (+ und –)
6. Vergleichsoperationen
7. Negation (.NOT.)
8. Konjunktion (.AND.)
9. Disjunktion (.OR.)

Zuerst werden alle arithmetischen Operationen und anschließend alle logischen Operationen ausgeführt.

Operationen des gleichen Rangs werden von links nach rechts ausgeführt (Ausnahme: Aufeinanderfolgende Exponentiation).

Durch das Setzen von Klammern kann die obige Reihenfolge abgeändert werden. Enthält der Ausdruck geschachtelte Klammern, so werden zuerst die Operationen der *inneren* Klammern ausgeführt.

Der Ausdruck

LOG1 .AND. LOG2 .OR. LOG3 .AND. .NOT. LOG1

wird in folgenden Schritten berechnet:

Schritt	Operation	Zwischenergebnis
1	.NOT. LOG1	LZ1
2	LOG1 .AND. LOG2	LZ2
3	LOG3 .AND. LZ1	LZ3
4	LZ2 .OR. LZ3	Ergebnis

4. Kapitel. Steueranweisungen

Ein FORTRAN-Programm bestehend aus Ergibtanweisungen wird linear abgearbeitet, d.h. die Anweisungen werden in der Reihenfolge ausgeführt, in der sie im Programm angeordnet sind. Es kann nun aber durchaus sinnvoll sein, in einem Programm eine Folge von Anweisungen zu überspringen, im Programm zurückzuspringen, Programmteile mehrmals zu durchlaufen, oder auch Programmteile nur dann zu durchlaufen, wenn gewisse Größen bestimmte Werte annehmen. Anweisungen, die einen nicht sequentiellen Programmablauf steuern, nennen wir Steueranweisungen.

Wir unterscheiden in folgendem

1. unbedingte Sprunganweisungen
2. bedingte Sprunganweisungen
3. Schleifenanweisungen
4. Anweisungen zur Unterbrechung oder Beendigung des Programms

4.1 Unbedingte Sprunganweisungen

Unbedingte Sprunganweisungen sind

4.1.1 GO TO n	unbedingter Sprung
4.1.2 GO TO (n_1, n_2, . . .), i	berechneter Sprung
4.1.3 GO TO i, (n_1, n_2, . . .)	gesetzter Sprung
ASSIGN n_i TO i	

4.1.1 Der unbedingte Sprung

Die Anweisung

```
GO TO n
```

bewirkt an der Stelle des Programms, an der sie steht, einen Sprung zu der Anweisung mit der Anweisungsnummer n. Die Regeln, die bei der Vergabe von Anweisungsnummern zu beachten sind, sind bereits auf Seite 13 besprochen worden. Die Anweisung mit der Anweisungsnummer n kann im Programm vor oder nach der Anweisung GO TO n stehen. Sie muß eine ausführbare Anweisung sein. Nach dem Sprung wird das Programm, beginnend mit der Anweisung, die die Anweisungsnummer n trägt, fortgesetzt.

Beispiel:

```
18  X = SUMME
    SUMME = SUMME + 1.
    GO TO 18
    ... Fortsetzung des Programms
```

In dem Beispiel wird eine Fortsetzung des Programms nie ausgeführt werden, da durch den unbedingten Sprung zur Anweisung mit der Anweisungsnummer 18 das Programmsegment theoretisch unendlich oft durchlaufen wird. Das Programm wird jedoch insofern nach *endlich* vielen Wiederholungen des Programmsegments abgebrochen, als die Variable SUMME einmal den zulässigen Wertbereich reeller Variablen überschreiten wird.

*4.1.2 Der berechnete Sprung

Die Anweisung

```
GO TO (n1, n2, ...), i
```

erlaubt eine Verzweigung zu einer von mehreren Anweisungen, deren Anweisungsnummern in der Klammer aufgezählt sind.

Das Programm wird mit der Anweisung fortgesetzt, die die Anweisungsnummer trägt, die an der durch i angegebenen Stelle in der Liste der Anweisungsnummern steht. Es wird die Anweisungsnummer n_1 gewählt, falls $i = 1$ ist, es wird n_2 gewählt, falls $i = 2$ ist, etc.

Beispiel:

```
      GO TO (10, 12, 33, 43), I
10    A = X * 5.
      GO TO 50
12    A = X * 10.
      GO TO 50
33    A = X * 15.
      GO TO 50
43    A = X * 20.
50    Fortsetzung des Programms
```

In diesem Beispiel wird vorher im Programm ein Wert der Variablen I definiert. Je nach dem, ob I den Wert 1, 2, 3 oder 4 hat, verzweigt das Programm zur Anweisung mit der Anweisungsnummer 10, 12, 33 oder 43, um einen bestimmten Wert für A zu errechnen. Die unbedingte Anweisung GO TO 50 verweist danach auf die Fortsetzung des Programms.

*4.1.3 Der gesetzte Sprung

Die Anweisung

```
GO TO i, (n1, n2, ...)
```

heißt der gesetzte Sprung.

$n_1, n_2, \ldots$ ist eine Liste von Anweisungsnummern, die zu bestimmten Anweisungen des Programms gehören. i ist eine ganzzahlige Variable, der vor der

Anweisung für den gesetzten Sprung eine der *Anweisungsnummern* der Liste durch die Anweisung

ASSIGN n_i TO i

zugewiesen worden sein muß.

Der gesetzte Sprung erlaubt also zur Fortsetzung des Programms die Anweisung mit der Anweisungsnummer auszuwählen, die den gleichen Wert hat, wie die der Variablen i zugewiesene Größe.

Beispiel:

```
      ASSIGN 10 TO I
      . . .
      . . .
      GO TO I, (8, 10, 14)
      . . .
      . . .
10    A = 2. / (D + C)
      Fortsetzung des Programms
```

Im Beispiel wird I die Nummer 10 zugewisen. Das heißt aber nicht, daß I = 10 ist. I wurde nur eine *Adresse* zugewiesen, aber kein Zahlenwert. Auf Grund dieser Zuweisung wird das Programm nach dem gesetzten Sprung mit der Anweisung, die die Nummer 10 trägt, fortgesetzt.

4.2 Bedingte Sprunganweisungen

Bedingte Sprunganweisungen[11]) sind

4.2.1 die arithmetische IF-Anweisung

4.2.2 die logische IF-Anweisung

4.2.1 Die arithmetische IF-Anweisung

Die arithmetische IF-Anweisung erlaubt eine bedingte Verzweigung zu einer von maximal drei Anweisungen. Die arithmetische IF-Anweisung hat die allgemeine Form

IF (e) n_-, n_0, n_+

e ist ein arithmetischer Ausdruck, der keine komplexen oder logischen Größen enthalten darf.

n_-, n_0, n_+ sind drei nicht notwendigerweise verschiedene Anweisungsnummern.

[11]) Weitere bedingte Sprunganweisungen werden bei SIEMENS-System 7.000/4004 verwendet.

Die arithmetische IF-Anweisung bewirkt, daß

1. das Programm mit der Anweisung, die die Anweisungsnummer n_- trägt, fortgesetzt wird, falls e negativ ist,
2. das Programm mit der Anweisung, die die Anweisungsnummer n_0 trägt, fortgesetzt wird, falls e Null ist,
3. das Programm mit der Anweisung, die die Anweisungsnummer n_+ trägt, fortgesetzt wird, falls e positiv ist.

Die Anweisungsnummern müssen irgendwo im Programm ausführbaren Anweisungen zugeordnet sein.

Beispiel: Die Summe der ersten 10 ganzen Zahlen ist zu ermitteln.

```
      ISUMME = 0
      I = 1
30    IF (I - 10) 40, 40, 20
40    ISUMME = ISUMME + I
      I = I + 1
      GO TO 30
20    Druck von ISUMME
```

In diesem Beispiel werden zuerst zwei Variablen definiert. Auf ISUMME soll am Ende des Rechenprozesses die Summe der ersten 10 ganzen Zahlen stehen. I nimmt im Rechenprozeß nacheinander die Werte der ersten 10 ganzen Zahlen an, die addiert werden sollen. Der Rechenprozeß ist beendet, wenn I größer 10 ist. Diese Entscheidung fällt die IF-Anweisung. Für Werte I größer 10 wird das Programm mit der Anweisung, die die Anweisungsnummer 20 hat, fortgesetzt. Für Werte I kleiner oder gleich 10 wird das Programm mit der Anweisung, die die Anweisungsnummer 40 hat, fortgesetzt, d.h. der Wert von I wird zu ISUMME addiert. Danach wird I um 1 erhöht. Die unbedingte Sprunganweisung sorgt dafür, daß das Programm mit dem neuen Wert von I ab Anweisungsnummer 30 nochmals durchlaufen wird.

Ein alternatives Programmbeispiel zur Lösung der gleichen Aufgabe zeigt, daß durch geschickte Anordnung der IF-Anweisung die unbedingte Sprunganweisung gespart werden kann.

```
      ISUMME = 0
      I = 0
30    I = I + 1
      ISUMME = ISUMME + I
      IF (I - 10) 30, 20, 20
20    Druck von ISUMME
```

4.2.2 Die logische IF-Anweisung

Die logische IF-Anweisung prüft einen logischen Ausdruck, der mittels logischer Vergleichsoperatoren formuliert wird. Das Ergebnis der Vergleichsoperation ist eine logische Variable, die nur die Werte .TRUE. oder .FALSE. annehmen kann. Die logische IF-Anweisung hat die allgemeine Form

IF (l) ausführbare Anweisung

‖ l ist ein logischer Ausdruck.

Die logische IF-Anweisung bewirkt, daß

1. das Programm mit der hinter der Klammer der IF-Anweisung stehenden ausführbaren Anweisung fortgesetzt wird, falls l wahr ist, wobei anschliessend das Programm mit der der logischen IF-Anweisung folgenden Anweisung fortgesetzt wird, es sei denn, die Anweisung hinter der Klammer der IF-Anweisung habe einen Sprung oder Programmstop definiert.
2. das Programm mit der der IF-Anweisung folgenden Anweisung fortgesetzt wird, falls l falsch ist.

Zur Darstellung eines Programmbeispiels sei die gleiche Aufgabe wie in 4.2.1 programmiert.

```
      ISUMME = 0
      I = 1
20    IF (I .GT. 10) GO TO 30
      ISUMME = ISUMME + I
      I = I + 1
      GO TO 20
30    Druck von ISUMME
```

Ausführliche Anweisungen hinter der Klammer der IF-Anweisung dürfen nicht sein:

1. DO-Anweisungen
2. logische IF-Anweisungen

4.3 Die DO-Anweisung

Mittels IF-Anweisung und GO TO-Anweisung konnte in den vorherigen Beispielen der wiederholte Durchlauf eines Programmsegments bewirkt werden. Wir bezeichnen eine wiederholte Ausführung eines Programmteils als eine Schleife.

Die wesentlichen Bestandteile einer Schleife sind

1. die Anfangswertzuweisung des Laufindexes (z.B. I = 1)
2. die Festlegung der Schrittweite des Laufindexes (z.B. I = I + 1)
3. die Prüfung des Laufindexes auf maximalen Wert (z.B. IF (I – 10) . . . .)

Die DO-Anweisung faßt die geschilderten wesentlichen Bestandteile einer Schleife in einer Anweisung zusammen. Die DO-Anweisung hat die allgemeine Form

DO n $i = m_1, m_2, m_3$

n ist die Anweisungsnummer der letzten Anweisung des Wiederholungsbereichs der Schleife,
i ist eine positive INTEGER-Variable als Laufindex,
m_1 ist der Anfangswert des Laufindexes,
m_2 ist der Endwert des Laufindexes,
m_3 ist das Inkrement oder die Schrittweite des Laufindexes[12]).
m_1, m_2, m_3 sind im allgemeinen positive INTEGER-Ausdrücke ohne Vorzeichen[13]). Für den Wertebereich von m_1, m_2, m_3 gilt das bereits zum Wertebereich von INTEGER-Konstanten gesagte.

Die DO-Anweisung hat folgende Wirkungen:

1. Der Laufindex wird gleich m_1 gesetzt.
2. Alle Anweisungen bis zur Anweisung mit der Anweisungsnummer n einschließlich werden ausgeführt.
3. Das Inkrement m_3 wird zu i addiert.
4. Es wird geprüft, ob der neue Wert des Laufindexes i größer ist als m_2. Ist i kleiner oder gleich m_2, dann wird der Wiederholungsbereich der Schleife neu abgearbeitet.
   Ist i größer m_2, dann wird das Programm beginnend mit der ersten Anweisung nach dem Wiederholungsbereich fortgesetzt.

Da diese Prüfung am Ende des Durchlaufs der Schleife stattfindet, wird selbst im Fall $m_1 > m_2$ der Wiederholungsbereich einmal durchlaufen.

Die Aufgabe, die ersten zehn ganzen Zahlen zu addieren, kann dann unter Verwendung der DO-Anweisung wie folgt geschrieben werden.

```
      ISUMME = 0
      DO 1 I = 1, 10
  1   ISUMME = ISUMME + I
      Druck von ISUMME
```

Der zu wiederholende Programmteil besteht hier nur aus einer Anweisung. Für die letzte Anweisung des Wiederholungsbereichs, also für die Anweisung

[12]) Falls $m_3 = 1$ ist, kann der Parameter wegfallen: DO n $i = m_1, m_2$.

[13]) BURROUGHS 7000/6000 und SIEMENS-System 7.000/4004 läßt als Laufindex i Variablen vom reellen Typ und als m_1, m_2 und m_3 Ausdrücke vom reellen Typ zu, wobei bei BURROUGHS 7000/6000 m_1 und m_2 auch negativ sein dürfen. Die FORTRAN-Version von UNIVAC 1107/08 läßt negative m_3 zu.

mit der Anweisungsnummer n der DO-Anweisung gelten einige Einschränkungen. Die letzte Anweisung des Wiederholungsbereichs darf *nicht* sein:

1. eine nicht ausführbare Anweisung (Vereinbarung),
2. eine unbedingte Sprunganweisung, z.B. GO TO n
3. eine bedingte Sprunganweisung, die einen *arithmetischen* Ausdruck prüft, z.B. IF (e) n_-, n_0, n_+
4. eine DO-Anweisung,
5. ein logisches Ende des Programms, z.B. STOP

Der Laufindex i soll im Wiederholungsbereich nicht neu definiert werden. Das gleich gilt für die Parameter m_1, m_2 und m_3.

Wird der Wiederholungsbereich der Schleife so oft durchlaufen, wie es durch die Festlegung der Parameter m_1, m_2, m_3 vorgegeben ist, so sprechen wir von einer *normalen* Abarbeitung der DO-Schleife. Der Wert des Laufindexes steht nach der Abarbeitung der Schleife *nicht* mehr zur Verfügung.

Die DO-Schleife kann aber auch durch einen Sprung verlassen werden, bevor $i > m_2$ wird. In einem solchen Falle steht der Wert des Laufindexes beim Stand des Sprungs aus der Schleife zur Verfügung.

Beispiel: Ab welchem Wert von n ist 2^n größer als 32000?
Folgendes Programmsegment stellt den Wert von n fest:

```
      DO 10 N = 1, 32000
      IF (2**N – 32000) 10, 10, 20
 10   CONTINUE
 20   Drucke N
```

In dem Programm haben wir von einer sehr nützlichen Anweisung Gebrauch gemacht. Es ist die Anweisung

CONTINUE

Die CONTINUE-Anweisung ist eine ausführbare Anweisung, sie erzeugt aber keine Maschinenbefehle und wird daher auch als Leeranweisung bezeichnet. Sie bewirkt nur, daß zur nächsten Anweisung übergegangen wird, das ist bei einer DO-Schleife wieder die erste Anweisung des Wiederholungsbereichs. Der einzige Zweck der CONTINUE-Anweisung besteht darin, eine Anweisungsnummer zu tragen, um so beispielsweise als ausführbare Anweisung letzte Anweisung des Wiederholungsbereichs einer DO-Schleife sein zu können.

In dem Beispiel haben wir m_2 sehr groß gewählt (32000), um sicher sein zu können, daß die Schleife aufgrund der IF-Anweisung verlassen wird, bevor der Laufindex N den Endwert 32000 erreicht[14]). Die Schleife hat den einzigen Zweck, für N = 1, 2, 3, etc. zu prüfen, ob 2** N größer 32000 ist. Ist dies zum ersten Male der Fall, so wird die Schleife durch Sprung zur Anweisung mit der Anweisungsnummer 20 verlassen. Der Wert von N steht noch zur Verfügung und kann ausgedruckt werden.

Während man jederzeit aus einer DO-Schleife springen kann, ist es nicht erlaubt in eine DO-Schleife hineinzuspringen. Das wäre auch wenig sinnvoll, da dann keine Anfangswertzuweisung des Laufindexes erfolgte. Diese Regel ist besonders dann zu beachten, wenn mehrere DO-Schleifen ineinander geschachtelt werden.

Beispiele für erlaubte DO-Schleifen:

```
      DO 10 J = 1,20       oder          DO 1 M = 1,5
      . . .                              DO 1 N = 1,10
      . . .                              DO 1 I  = 2,15
      DO 20 I = 1,40                     . . .
      . . .                              . . .
   20 CONTINUE                           . . .
      . . .                              . . .
      . . .                            1 CONTINUE
   10 CONTINUE
```

Folgende DO-Schleifen sind nach den geschilderten Regeln *nicht* gestattet:
Im ersten Fall findet ein Übergreifen des Wiederholungsbereichs statt, im zweiten Fall ist ein Sprung in eine DO-Schleife programmiert worden. In beiden Fällen wird vom Compiler eine Fehleranzeige gemeldet. Der Wiederholungsbereich einer inneren DO-Schleife muß also vollkommen im Wiederholungsbereich der äußeren DO-Schleife enthalten sein. Ein Sprung in die innere DO-Schleife darf auch nicht programmiert werden, wenn die innere DO-Schleife von einer äußeren DO-Schleife umschlossen wird und der Sprung aus dieser äußeren Schleife erfolgt[15]).

Wenn gesichert ist, daß nach dem Sprung aus einer DO-Schleife der Laufindex i und die Parameter m_1, m_2, m_3 nicht verändert werden, so kann man ausnahmsweise einen Rücksprung in die DO-Schleife programmieren, der aber zu der Anweisung erfolgen muß, *die der Anweisung folgt*, bei der die Schleife verlassen wurde.

---

[14]) 2^{32000} ist sicher größer als 32000.

[15]) Bei BURROUGHS 7000/6000 sind Sprünge in und aus DO-Schleifen uneingeschränkt möglich.

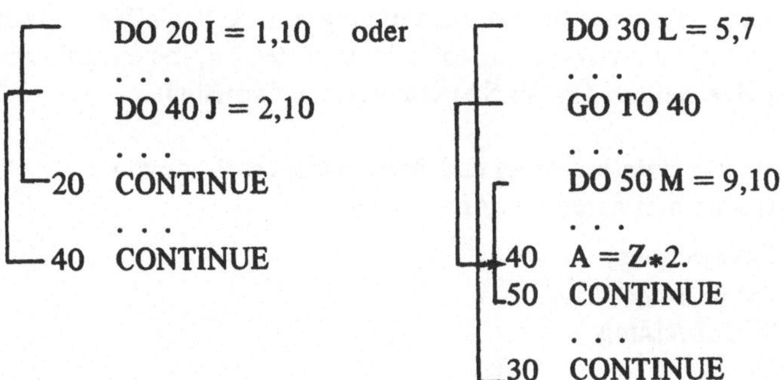

Wohl aber ist es möglich, aus dem Bereich der inneren Schleife in den Bereich der äußeren Schleife zu springen. Das ist insofern keine Regelverletzung, als wir uns innerhalb der inneren Schleife bereits im Bereich der äußeren Schleife befinden.

Beispiel:

```
   DO 2 I = 1,5
20 A = C + B
   . . .
   DO 3 J = 1,10
   . . .
   GO TO 20
 3 CONTINUE
 2 CONTINUE
```

Aus den geschilderten Regeln folgt auch, daß geschachtelte DO-Schleifen in der Regel *verschiedene* Laufindices haben sollen, da sonst in der inneren DO-Schleife der Wert des Laufindexes der äußeren DO-Schleife neu definiert wird; es sei denn, daß dies beabsichtigt ist.

Beispiel:

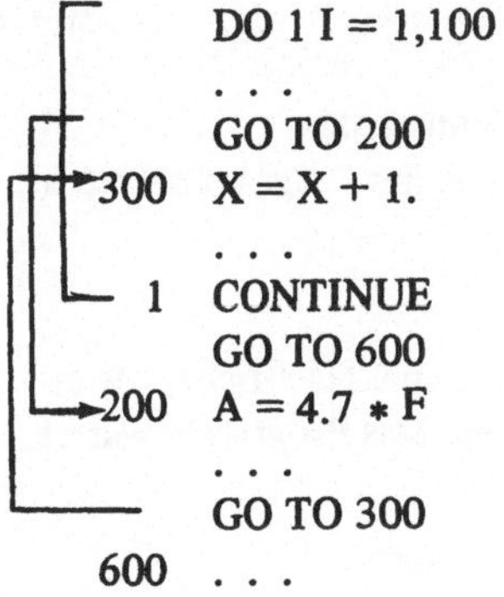

Bevor wir weitere Beispiele für die Verwendung von DO-Schleifen betrachten, ist der Begriff der indizierten Variablen im nächsten Kapitel einzuführen. Vorher aber ist eine weitere Art der Steueranweisung darzustellen.

4.4 Anweisungen zur Unterbrechung und Beendigung des Programms

Wir unterscheiden drei Arten von Anweisungen:

4.4.1 Die STOP-Anweisung,
4.4.2 die END-Anweisung,
4.4.3 die PAUSE-Anweisung

4.4.1 STOP-*Anweisung*

Die STOP-Anweisung hat die allgemeine Form

STOP n

n ist eine INTEGER-Konstante oder literale Konstante[16]). n braucht jedoch nicht gesetzt zu werden.

Die Anweisung bewirkt die Beendigung des Objektprogramms. Jedes Hauptprogramm muß mindestens eine STOP-Anweisung enthalten.

4.4.2 END-*Anweisung*

Die END-Anweisung hat die allgemeine Form

END

Diese Anweisung zeigt dem FORTRAN-Compiler das physikalische Ende einer Programmheit an. Die END-Anweisung ist eine nicht ausführbare Anweisung, da sie keinen Befehl im Objektprogramm erzeugt.

**4.4.3* PAUSE-*Anweisung*

Die PAUSE-Anweisung hat die allgemeine Form

PAUSE n

n ist eine INTEGER-Konstante oder eine literale Konstante.

Die PAUSE-Anweisung bewirkt eine Unterbrechung des Programmablaufs und den Druck von

PAUSE n

auf dem Blattschreiber. Dadurch kann dem Operateur eine Nachricht, wie etwa Papierwechsel auf Drucker usw., mitgeteilt werden. Das Programm wartet,

---

[16]) BURROUGHS 7000/6000 erlaubt keine literalen Konstanten.

bis der Operateur die Fortsetzung veranlaßt. Wegen des hohen Verlusts an Maschinenzeit wird in modernen Betriebssystemen die Verwendung der PAUSE-Anweisung nicht mehr gestattet. Nachrichten an den Operateur müssen über Steuerkarten mitgeteilt werden.

5. Kapitel. Felder

Ein Feld ist eine Menge von Variablen, die den gleichen Variablennamen tragen. Eine bestimmte Variable des Feldes wird aufgrund ihrer Position innerhalb des Feldes angesprochen. Die Position einer Variablen im Feld wird durch einen Index festgehalten. Wir sprechen deshalb auch von indizierten Variablen. Indizierte Variablen sind Variablen im Sinne der Definition in 2.3. Der Index ist ein in Klammern eingeschlossener positiver arithmetischer Ausdruck hinter dem Feldnamen. Nicht ganzzahlige Werte von Ausdrücken werden auf ganzzahlige Werte durch Abschneiden der Dezimalziffern reduziert.

Zulässige indizierte Variablen sind dann:

NAME (3), AB (I), C(K+2), MARK (L – 2),
S (3*K), T (4*L+6), ZZZ (6*I–3)

Felder können mehrfach dimensioniert werden. Eine entsprechende Anzahl von Indices ist dann in der Indexliste aufzuführen. Es sind bis zu 27 Indices nach der ANSI-Version von FORTRAN zulässig[17]). Zulässige mehrfach indizierte Variablen sind dann z.B.

NN(1,1,1,1), AZ(I,4*L+5,3), Z(8*J,K+2, MM)

Die Elemente des Feldes werden in einem Block aufeinanderfolgender Speicherplätze gespeichert. Die Länge dieses Blocks ist vor der ersten ausführbaren Anweisung des Programms zu vereinbaren.

Die allgemeine Form einer solchen Vereinbarung ist

DIMENSION Feld 1 (i_1, i_2, . . .), Feld 2 (i_1, i_2, . . .), . . .

Hierbei sind Feld 1, Feld 2 Namen der Variablenfelder. Die Regeln zur Bildung von Namen von Feldern sind die gleichen wie die zur Bildung von Variablennamen. i_1, i_2, . . . sind ganzzahlige, positive *Konstanten*, die die *maximalen* Indexwerte angeben.

Die Vereinbarung

DIMENSION A(50), M(10, 30)

---

[17]) Nach dem heutigen Stand der implementierten FORTRAN-Compiler werden maximal 7 Indices zugelassen.

definiert zwei Felder. Das Feld A ist dabei ein Vektor mit 50 Komponenten und das Feld M ist eine Matrix mit 10 Zeilen und 30 Spalten. Beim Programmieren ist darauf zu achten, daß die Feldlängenvereinbarung ausreichend ist. Wenn im Programm Indexwerte definiert werden, die den vorgesehenen Maximalwert in der DIMENSION-Vereinbarung übersteigen, z.B. A(53), so kann dies zu schwerwiegenden Fehlern führen, die außerdem als solche nicht angezeigt werden.

Wertebereich der Indices

Der kleinste Wert eines Index ist 1. Den größten Wert legt die DIMENSION-Vereinbarung fest. Je nach Maschinentyp ergibt sich für den Wertebereich eine durch die Hardware bedingte Obergrenze.

Übungsaufgabe 1: Man schreibe einen Programmausschnitt, der die 40 Komponenten eines Vektors addiert.

Lösung:

```
      DIMENSION X(40)
      . . .
      XSUMME = 0.0
      DO 10 J = 1,40
   10 XSUMME = XSUMME + X(J)
      . . .
      Drucke XSUMME
      . . .
      STOP
      END
```

Übungsaufgabe 2: Man berechne das geometrische Mittel nur der positiven Zahlen einer Menge von 100 vorgegebenen Werten.

In der DO-Schleife des Programms werden mittels einer IF-Abfrage alle Komponenten eines Vektors Y geprüft, ob sie größer Null sind. Nur dann wird ein Zähler H um 1 erhöht und das kumulative Produkt G gebildet. Nach der normalen Abarbeitung der DO-Schleife wird das geometrische Mittel als H-te Wurzel des kumulativen Produkts G nur der positiven Komponenten des Vekt(Y berechnet.

Lösung:

```
      DIMENSION Y(100)
      . . .
      H = 0.0
      G = 1.0
      DO 1 K = 1,100
      IF (Y(K)) 1,1,2
    2 H = H+1.
      G = G*Y(K)
    1 CONTINUE
      GEOMIT = G ** (1./H)
      . . .
      Drucke GEOMIT
      STOP
      END
```

6. Kapitel. Ein- und Ausgabeanweisungen

Bislang haben wir einer Variablen einen Wert mittels einer Ergibtanweisung zugeordnet. Ein- und Ausgabeanweisungen geben uns die Möglichkeit, Daten, die auf Datenträgern peripherer Geräte gespeichert sind oder über Sichtgeräte direkt eingelesen werden sollen, in den internen Speicher der Zentraleinheit einer Rechenanlage zu übertragen, d.h. bestimmten Variablen zuzuordnen. Sie geben uns weiterhin die Möglichkeit, diese Daten und alle mittels des Programms neu berechneten Werte wieder auszugeben, d.h. auf Datenträgern peripherer Geräte zu speichern bzw. über Sichtgeräte wieder auszugeben.

Datenträger, die zur Eingabe von Daten in den Zentralspeicher einer Rechenanlage herangezogen werden können, sind z.B.

Lochkarten	im Kartenleser
Lochstreifen	im Lochstreifenleser
Magnetbänder	in Magnetbandeinheiten
Magnetplatten	
Magnettrommeln	

Datenträger, die zur Ausgabe von Daten herangezogen werden können, sind z.B.

Lochkarten	im Kartenstanzer
Lochstreifen	im Lochstreifenstanzer
Papier	im Schnelldrucker
Magnetbänder	in Magnetbandeinheiten

Magnetplatten
Magnettrommeln

6.1 READ- und WRITE-Anweisungen

Alle Ursprungsdaten müssen, wenn sie nicht mit Beleglesern direkt gelesen werden können oder direkt über Sichtgeräte eingegeben werden, zuerst mit Erfassungsgeräten auf Datenträger übertragen werden. Von den oben aufgezählten Datenträgern sind nur Lochkarten und Lochstreifen zur „Ablochung" von Daten mit Erfassungsgeräten geeignet. Da der Lochstreifen heute noch wenig Anwendung findet, ist die Lochkarte der am häufigsten verwendete Datenträger zur Aufnahme von Ursprungdaten.

Die einfache Eingabeanweisung hat die Form

```
READ (d, n) Liste
```

Die einfachste Ausgabeanweisung hat die Form

```
WRITE (d, n) Liste
```

d	ist die logische Nummer eines peripheren Speichers bzw. Eingabegeräts oder Ausgabegeräts
n	ist eine FORMAT-Anweisungsnummer
Liste	besteht aus einer oder mehreren, indizierten oder nicht indizierten Variablen, deren Werte eingelesen oder ausgegeben werden sollen.

Die logischen Nummern der Eingabe- und Ausgabegeräte werden vom Betriebssystem festgelegt. Gebräuchlich sind folgende Vereinbarungen:

Kartenleser	5		97		1
Schnelldrucker	6	oder	99	oder	2
Kartenstanzer	7		98		3

Werden Daten vom Kartenleser eingelesen oder mit dem Schnelldrucker oder Kartenstanzer ausgegeben, so sind die Daten *formatgebunden* zu lesen oder auszugeben. Magnetbänder werden nur dann formatgebunden beschrieben, wenn sie zur Ausgabe im peripheren Bereich verwandt werden.

Unter Formatierung verstehen wir die Form, in der Daten als Folge von *Zeichen* auf einem Datenträger verzeichnet sind. Die Werte einer Matrix, die im Zentralspeicher der Rechenanlage auf eine bestimmte Weise fortlaufend gespeichert sind, werden z.B. zweckmäßigerweise in der Form ausgedruckt, in der man sie beim Rechnen mit dem Matrizenkalkül auch darstellen würde. Zu einem solchen „benutzerfreundlichen" Ausdruck bedarf es aber besonderer Spezifikationen bei der Ausgabe bzw. in entsprechender Weise bei der Eingabe. Diese Spezifikationen werden in FORMAT-Anweisungen gegeben, die in Kapitel 7 ausführlich besprochen werden.

Bei *formatfreier* Datenübertragung werden die Daten nicht aufbereitet, sondern als Folge von *Werten* auf einem Datenträger in interner Darstellung aufgezeichnet.

Die Menge der mit *einer* Eingabe- oder Ausgabenanweisung übertragenen Daten bildet einen *logischen Satz*. Mit *einer* READ-Anweisung wird also *ein* logischer Satz eingegeben und mit *einer* WRITE-Anweisung wird *ein* logischer Satz ausgegeben.

Die Menge der Daten auf einer Datenkarte oder einer Zeile des Maschinenausdrucks bildet einen *physikalischen Satz*. Die Länge eines physikalischen Satzes ist bei einer Karte maximal 80 Zeichen und bei der Druckzeile maximal 160 Zeichen.

Wird mit *einer* READ-Anweisung *eine Karte* gelesen, so ist der *logische* Satz gleich einem *physikalischen* Satz. Werden mit einer READ-Anweisung mehrere Karten gelesen, so besteht ein logischer Satz aus mehreren physikalischen Sätzen. Entsprechendes gilt für die WRITE-Anweisung.

Bei formatfreier Datenübertragung werden immer nur logische Sätze übertragen, die allerdings aus mehreren physikalischen Blöcken bestehen können.

Sind auf einer Datenkarte mehrere Werte abgelocht, die den Variablen A, B, X, I und K zugewiesen werden sollen, so ist diese Karte mit *einer* READ-Anweisung zu lesen. Die Variablen sind in dieser READ-Anweisung in einer durch Kommata getrennten *einfachen Liste* aufzuführen:

```
READ (5,10) A, B, X, I, J, K
```

Sind z.B. auf einer Datenkarte 10 Zahlen gelocht, die den zehn Komponenten eines Vektors Y zugewiesen werden sollen, so könnte die READ-Anweisung wie in folgendem Programmstück mit einer einfachen Liste geschrieben werden:

```
  DIMENSION Y(10)
  READ (5,2) Y (1), Y(2), Y(3), Y(4), Y(5), Y(6), Y(7), Y(8),
1 Y(9), Y(10)
  . . .
  . . . .
2 FORMAT (. . . )
```

Eine etwas einfachere Schreibweise ermöglicht das *implizite DO*, das ebenfalls Element einer Liste sein kann. Die allgemeine Form des impliziten DO ist

(Liste, $i = m_1, m_2, m_3$)

Liste ist eine Folge von durch Kommata getrennten indizierten Variablen einschließlich des Index i und/oder einem oder mehreren impliziten DO. $i = m_1, m_2, m_3$ hat die gleiche Bedeutung wie in der zuvor dargestellten DO-Anweisung.

Das obige Beispiel kann dann auch mit *impliziten DO* geschrieben werden:

```
      DIMENSION Y(10)
      READ (5,2)(Y(I), I = 1,10)
```

Der studierende Leser sollte an dieser Stelle unbedingt zunächst die ersten Ausführungen des Kapitels 7 bezüglich der FORMAT-Anweisungen durcharbeiten (Seite 56ff.).

Die Liste des impliziten DO kann mehrere mit i indizierte Variablen inklusiv den Index selbst enthalten. So werden mit der folgenden WRITE-Anweisung der laufende Index und die entsprechenden Komponenten der Vektoren X und Z ausgedruckt.

```
      DIMENSION X(10), Z (10)
      . . .
      . . .
      WRITE (6,3) (K, X(K), Z(K), K = 1, 10)
    3 FORMAT (. . .)
```

Implizite DO können auch geschachtelt werden. So wird mit folgender READ-Anweisung eine Matrix $A_{2,5}$ mit 2 Zeilen und 5 Spalten zeilenweise eingelesen.

```
      DIMENSION A(2, 5)
      READ (5,1) ((A(J,K),K = 1,5), J = 1,2)
    1 FORMAT (. . .)
```

Dies ist möglich, da jedes implizite DO selbst wieder Liste eines impliziten DO sein kann. Das Einlesen erfolgt, indem das „innere" implizite DO *zuerst* abgearbeitet wird. Die Matrix $A_{2,5}$ wird also in obigem Beispiel in Reihenfolge der Elemente

A(1,1), A(1,2), A(1,3), A(1,4), A(1,5), A(2,1), A(2,2), A(2,3), A(2,4), A(2,5)

eingelesen. Ein *spaltenweises* Einlesen bedingte folgende READ-Anweisung:

```
      DIMENSION A(2,5)
      READ (5,1) ((A(J,K), J = 1,2), K = 1,5)
    1 FORMAT (. . .)
```

Da READ- oder WRITE-Anweisungen selbst wieder in einer durch eine DO-Anweisung eingeleiteten Programmschleife stehen können, ist auch hier wieder darauf zu achten, daß der im impliziten DO einer READ- oder WRITE-Anweisung verwendete Index nicht mit dem der äußeren DO-Schleife übereinstimmt, da dies einer Neudefinierung des Indexes gleichkäme.

Folgender Programmausschnitt ist in diesem Sinne *fehlerhaft* programmiert.

```
      DIMENSION X(100), A(30, 40)
      . . .
      DO 1 J = 1,100
      . . .
      READ (5,2) X(J), ((A(J,I), J = 1,30), I = 1,40)
      . . .
    1 CONTINUE
    2 FORMAT (. . .)
```

Felder können auch mittels *kurzer Liste* der READ-Anweisung eingelesen werden. Eine kurze Liste besteht nur aus dem Feldnamen. Das Beispiel des Einlesens der Werte der 10 Komponenten eines Vektors Y kann dann auch programmiert werden:

```
      DIMENSION Y(10)
      READ (5,2) Y
    2 FORMAT (. . .)
```

Die Schreibweise einer kurzen Liste setzt allerdings voraus, daß jeweils das *gesamte* Feld eingelesen wird. Sollen weniger Werte gelesen werden als durch die DIMENSION-Anweisung definiert wird, so ist die kurze Liste nicht anwendbar.

Einfache Liste, implizites DO und kurze Liste sind Arten der Listenbildung von Eingabe- und Ausgabeanweisungen, die jeweils einen logischen Satz übertragen. Stehen die Werte auf verschiedenen Datenkarten oder sollen die Werte jeweils in eine neue Zeile gedruckt werden, so kann dies z.B. dadurch realisiert werden, daß die READ- oder WRITE-Anweisung in einer DO-Schleife wiederholt angesprochen wird:

```
      DIMENSION Y(10)
      DO 1 I = 1, 10
    1 READ (5,2) Y(I)
    2 FORMAT (. . .)
```

Dieser Programmausschnitt liest die 10 Werte des Vektors Y von 10 hintereinanderliegenden Datenkarten.

Weitere Techniken, „Datenkartenpakete“ einzulesen und die Ergebnisse in ansprechender und „lesbarer“ Form wieder auszudrucken, werden wir erst darstellen können, wenn wir die FORMAT-Anweisung behandelt haben.

Die folgenden Ausführungen des Kapitels 6 sollten vom Anfänger zunächst überlesen werden. Er sollte sich nun intensiv um die Aufarbeitung der wichtigsten Abschnitte des Kapitels 7 bemühen.

Die allgemeine Form der READ-Anweisung lautet

READ (d, n, ERR = m_1, END = m_2) Liste

Entsprechend ist die allgemeine Form der WRITE-Anweisung

WRITE (d, n, ERR = m_1, END = m_2) Liste

d und n haben hier die gleiche Bedeutung wie bei der einfachen READ- und WRITE-Anweisung.

ERR = m_1 bewirkt, daß zur Anweisung mit der Nummer m_1 verzweigt wird, wenn bei der Datenübertragung ein Fehler entdeckt wird.

END = m_2 bewirkt, daß zur Anweisung mit der Anweisungsnummer m_2 verzeigt wird, wenn das Ende einer Datei erreicht wird.

Diese allgemeine Form gilt auch für die unformatierte Datenübertragung, also ohne eine Angabe für n. Die Reihenfolge der END- und ERR-Klauseln ist gleichgültig. Es ist möglich, nur eine END- oder nur eine ERR-Klausel zu schreiben.

Folgende Anweisungen sind gültige Schreibweisen:

```
READ (5, 180, END = 220, ERR = 300)
READ (5, ERR = 200)
READ (5, 10, END = 100)
```

Die END- und ERR-Klauseln haben den Vorteil, daß im Falle des unvorhergesehenen Erreichens des Dateiendes oder eines Lese- oder Schreibfehlers das Programm nicht abgebrochen wird, sondern daß das Programm mit der vorgesehenen Anweisung fortgesetzt wird[18]).

Auch die Anweisungen

```
READ n, Liste
PRINT n, Liste
PUNCH n, Liste
```

wo n wieder eine FORMAT-Anweisungsnummer ist, können in der aufgeführten Reihenfolge für das Lesen von einem Kartenleser, für das Drucken auf dem Schnelldrucker und für das Stanzen auf dem Kartenstanzer verwendet werden. Sie sind auf fast allen Rechenanlagen mit den vorher definierten Anweisungsformen kompatibel.

---

[18]) Auf dem SIEMENS-System 7.000/4004 kommt in der READ-Anweisung nur die Endklausel zum Zuge.

Die folgenden Anweisungspaare sind also gleichwertig:

```
READ (5, 10) A, B, C
READ 10, A, B, C
WRITE (6, 11) Y, Z
PRINT 11, Y, Z
WRITE (7, 10) F, G, H
PUNCH 20, F, G, H
```

6.2 Anweisungen zur Dateimanipulation

Die sequentielle Datenverarbeitung ist, wie wir bereits festgestellt haben, bei allen Ein- und Ausgabegeräten üblich, d.h. Datenkarten werden im Kartenleser in der Reihenfolge gelesen, in der sie eingegeben werden, und Daten werden vom Schnelldrucker zeilenweise ausgegeben. Ähnlich ist es beim Arbeiten mit Dateien auf Magnetbändern. Daten werden auf Magnetband sequentiell in der vom Programmierer vorgesehenen Reihenfolge geschrieben. Nur in dieser Reihenfolge können sie wieder gelesen werden, d.h. der Zugriff zu den Daten ist auf Magnetbändern nur sequentiell möglich. Im Unterschied dazu können Daten auf den externen Speichern Magnetplatte und Magnettrommel auch in jeder beliebigen Reihenfolge, d.h. wahlfrei bzw. direkt gelesen werden. Das Arbeiten mit Dateien unter sequentiellem und direktem Zugriff erfordert besondere Anweisungen.

Sequentieller Zugriff zu Dateien

Jedes Magnetband hat einen physikalisch definierten Anfang (Ladepunkt) und ein entsprechend definiertes Ende (Bandendemarke). Der Benutzer kann vor Erreichung der Bandendemarke Dateiendemarken setzen (end of file marks), die im Programm gelesen und abgefragt, aber nicht übersprungen werden können. Sie definieren den Anfang und/oder das Ende eines logischen Satzes.

Will man ein Band beschreiben, so ist es sinnvoll, sich zu vergewissern, daß das Band an seinem Anfang steht. Die Anweisung

REWIND k

bewirkt, daß die mit k spezifizierte Datei auf den Anfang des ersten Satzes positioniert wird. Ein Magnetband, auf dem die Datei gespeichert ist, wird also an seinen Ladepunkt zurückgespult. k ist ungleich den Nummern, die den Systemeinheiten Kartenleser, Kartenstanzer und Schnelldrucker zugeteilt werden. Nach der Anweisung

```
REWIND 3
```

ist z.B. die Datei mit der logischen Nummer 3 beginnend mit ihrem ersten Satz lesbar oder beschreibbar. Ein Band könnte nun mit Daten aus dem internen Speicher der Rechenanlage beschrieben werden.

Beispiel:

```
      DIMENSION VEKTOR(1000),Z(1000)
      READ(5,1) VEKTOR
    1 FORMAT(10F8.2)
      REWIND 3
      WRITE(3) VEKTOR
      REWIND 3
      READ(3) Z
      WRITE(6,2) Z
    2 FORMAT(1H␣10F12.2)
      STOP
      END
```

Mit dem Programm werden 1000 Zahlenwerte von Datenkarten über den Kartenleser in den Speicher der Rechenanlage eingelesen. Anschließend wird die Datei 3 bzw. das Band an den Anfang gesetzt und mit den 1000 Werten beschrieben. Das Beschreiben geschieht in einem einzigen logischen Satz. Hier ist anzumerken, daß das Band *formatfrei* beschrieben und gelesen wird (fehlende FORMAT-Anweisungsnummer). Es ist üblich, dies als Beschreibung des Bandes in interner Darstellung zu bezeichnen. Nach Zurückspulen des Bandes bzw. Rücksetzen der Datei können die Daten wieder gelesen werden. In dem Beispiel werden die 1000 Zahlenwerte im Feld Z gespeichert, so daß die Werte jetzt zweimal im internen Speicher stehen, in dem Feld VEKTOR und dem Feld Z. Das Programm druckt die Werte des Feldes Z aus.

Um z.B. das Band mit weiteren 500 Werten zu beschreiben, sind wegen der sequentiellen Verarbeitung zuerst die 1000 vorher gespeicherten Werte des ersten logischen Satzes zu überlesen.

Das geschieht beispielsweise wie folgt:

```
      DIMENSION Y(500)
      READ(5,1) Y
    1 FORMAT(10F8.2)
      REWIND 3
      READ(3) (Z, K = 1,1000)
      WRITE(3) Y
      STOP
      END
```

500 Werte werden von Datenkarten eingelesen, die Datei 3 bzw. das Band wird an den Anfang gesetzt, anschließend werden die 1000 Werte des ersten

logischen Satzes überlesen. Erst dann können die 500 Werte des Vektors Y als zweiter logischer Satz geschrieben werden.

Dieses „Weiterschreiben" von Dateien ist im allgemeinen jedoch problematischer, als es hier scheinen mag. Der Grund hierfür liegt darin, daß nicht alle FORTRAN-Compiler die verschiedenen OPEN- und CLOSE-Optionen von Banddateien unterstützen. Ähnliches gilt für die im folgenden beschriebenen Dateiendemarken.

Im Hinblick auf mögliche Fehler beim Überlesen größerer Datenmengen ist es sinnvoll, das Ende eines logischen Satzes mit einer Dateiendemarke zu definieren. In FORTRAN dient dazu die Anweisung

```
END FILE k
```

k ist wieder die logische Nummer der Datei.

Mit dieser Anweisung wird eine Bandmarke gesetzt, die beim Lesen vom Rechner erkannt wird. Allerdings wird im üblichen FORTRAN das Vorhandensein solcher Bandmarken nicht geprüft.

Beispiel:

```
      DIMENSION VEKTOR(1000), Y(500)
      . . .
      REWIND 3
      DO 1 I = 1,1000
    1 WRITE(3) VEKTOR(I)
      END FILE 3
      WRITE(3) Y
      END FILE 3
      REWIND 3
  100 READ (3,END = 10) Z
      GO TO 100
   10 READ(3) Y
      . . .
```

Das Programm beschreibt das Band mit 1000 Werten des Feldes VEKTOR, setzt eine Dateiendemarke, definiert damit das Ende eines logischen Satzes und beschreibt das Band weiter mit 500 Werten des Feldes Y. Um die 500 Werte des Feldes Y wieder *vom Band* lesen zu können, wird das Band an den Anfang gesetzt. Dann werden die Werte des mit der Dateiendemarke definierten logischen Satzes gelesen und – da sie nicht interessieren – auf Z gespeichert. Bei Erreichung der Dateiendemarke erfolgt ein Sprung zur Anweisung mit der Anweisungsnummer 10 und das Feld Y bzw. der zweite logische Satz wird vom Band gelesen.

Das gleiche hätte man auf eine etwas andere Art mit der Anweisung

```
BACKSPACE k
```

erreicht. k ist wieder die logische Nummer der Datei. Diese Anweisung setzt das Band um *einen* logischen Satz zurück. Steht das Band schon am Anfang, dann ist die Anweisung ohne Wirkung.

Beispiel:

```
DIMENSION VEKTOR(1000), Y(500)
. . .
REWIND 3
WRITE(3) VEKTOR
END FILE 3
WRITE(3) Y
END FILE 3
BACKSPACE 3
READ(3) Y
. . .
```

Nachdem das Band in einem logischen Satz mit 500 Werten des Feldes Y beschrieben wurde, wird das Band um diesen zuletzt geschriebenen logischen Satz zurückgesetzt und es kann erneut gelesen werden.

Beim Arbeiten mit Magnetbändern muß im wesentlichen auf zwei Punkte geachtet werden:

1. Dateien dürfen nicht in einzelnen logischen Sätzen verbessert werden. Sie sind generell in korrigierter Form neu zu schreiben, da bei jeder anderen Art der Verbesserung schwerwiegende Fehler entstehen können.
2. Die beschriebenen Anweisungen REWIND, END FILE, BACKSPACE dürfen nicht im Zusammenhang mit den Systemeinheiten Kartenleser, Kartenstanzer und Schnelldrucker verwendet werden.

Direkter Zugriff zu Dateien

Magnetplatten und Magnettrommeln gestatten von ihrem technischen Aufbau her, Sätze von jedem Platz einer Datei *direkt* zu lesen oder an jeden Platz der Datei zu schreiben. Anders als bei sequentiellem Zugriff brauchen nicht alle Sätze nacheinander vom Anfang bis zum Ende der Datei verarbeitet zu werden. Zum Arbeiten mit Dateien unter direktem Zugriff stehen in FORTRAN vier Anweisungen zur Verfügung:

READ-Anweisung,
WRITE-Anweisung,
DEFINE FILE-Anweisung,
FIND-Anweisung.

Die allgemeine Form der DEFINE FILE-Anweisung lautet

DEFINE FILE n_1 (m_1, r_1, f_1, v_1), n_2 (m_2, r_2, f_2, v_2), . . .

n ist eine vorzeichenlose ganzzahlige Konstante und repräsentiert die logische Nummer der Datei.

m ist eine vorzeichenlose ganzzahlige Konstante und gibt die Anzahl der Sätze an, die in der Datei n stehen sollen.

r ist eine vorzeichenlose ganzzahlige Konstante, die die Länge jedes Satzes in der Datei n bezeichnet. Je nachdem, welche Werte für f angegeben werden, wird die Satzlänge in Zeichen (Bytes), Speicherstellen (Bytes) oder Speicherworten gemessen.

f ist ein Zeichen, mit dem festgelegt wird, ob die Datei mit oder ohne FORMAT-Steuerung gelesen bzw. geschrieben wird. f ist

L, wenn die Datei *mit oder ohne* FORMAT-Steuerung gelesen bzw. geschrieben werden soll. Die Länge des Satzes wird in Speicherstellen angegeben.

E, wenn die Datei *mit* FORMAT-Steuerung gelesen bzw. geschrieben werden soll. Die Länge eines Satzes wird in Zeichen gemessen.

U, wenn die Datei *ohne* FORMAT-Steuerung gelesen bzw. geschrieben werden soll. Die Länge eines Satzes wird in Speicherworten gemessen.

v ist eine nicht indizierte INTEGER-Variable (assoziierte Variable). Am Ende einer Lese- oder Schreiboperation zeigt v auf die Stelle des auf den übertragenen Satz unmittelbar folgenden Satzes.

Ein direkter Zugriff zu einer Datei kann in einem Programm nur erfolgen, wenn die Datei in der DEFINE FILE-Anweisung definiert wurde. Diese Anweisung muß daher logisch vor jeder Eingabe- bzw. Ausgabeanweisung, welche sich auf die Datei bezieht, stehen. Die DEFINE FILE-Anweisung liefert also die benötigten Charakteristiken der Dateien.

Beispiel:

```
DEFINE FILE 7 (20, 80, L, K), 8 (50, 20, L, J)
```

Diese DEFINE FILE-Anweisung beschreibt zwei Dateien. Die erste Datei erhält durch die Anweisung die logische Nummer 7. Sie besteht aus $m = 20$ Sätzen, von denen jeder maximal 80 Bytes lang ist. L weist darauf hin, daß die Daten entweder mit oder ohne FORMAT-Steuerung übertragen werden. K ist die assoziierte Variable, deren Bedeutung wir noch weiter unten erklären. Die zweite Datei erhält durch die Anweisung die logische Nummer 8. Sie besteht aus 50 Sätzen, von denen jeder maximal 20 Bytes lang ist. Auch hier wird wegen der Angabe von L mit oder ohne FORMAT-Steuerung übertragen. J ist die assoziierte Variable.

Die Bedeutung der DEFINE FILE-Anweisung wird klar, wenn wir uns mit der für direkten Zugriff geltenden speziellen Form der READ- und WRITE-Anweisung auseinandergesetzt haben.

Die allgemeine Form der READ-Anweisung für direkten Zugriff ist

READ (n'r, b, ERR = c) Liste

n	ist eine vorzeichenlose ganzzahlige Konstante oder Variable, die die logische Nummer der Datei repräsentiert. Nach n muß ein Hochkomma (') gesetzt werden
r	ist ein INTEGER-Ausdruck. Er repräsentiert die relative Position des Satzes in der Datei n.
b	ist entweder eine Anweisungsnummer einer FORMAT-Anweisung oder der Name eines Bereichs, der die FORMAT-Angaben enthält. b ist fakultativ.
ERR = c	ist als Angabe fakultativ. c ist die Anweisungsnummer, zu der gesprungen werden soll, falls ein Fehler in der Datenübertragung auftritt.

Das Lesen der Datei unter direktem Zugriff soll mit folgendem Beispiel verdeutlich werden.

```
      DEFINE FILE 7 (20, 80, L, K), 8 (50, 20, L, J)
      DIMENSION N (10)
      . . .
      J = 5
      . . .
  1   READ (7'10, 100) (N(I), I = 1, 10)
100   FORMAT (5I16)
      . . .
  2   READ (8'J+5), X, Y, Z, A, B
```

Mit der READ-Anweisung 1 werden unter Steuerung der FORMAT-Anweisung 100 zehn Datenelemente aus der Datei 7 gelesen. Die Positionierung r = 10 bewirkt, daß die Übertragung mit dem zehnten Satz der Datei begonnen wird. Insgesamt werden zehn Datenelemente zu je 16 Zeichen, so wie es die FORMAT-Anweisung bestimmt, gelesen. Da jeder Satz nur insgesamt 80 Zeichen enthält, werden insgesamt zwei Sätze gelesen. Die assoziierte Variable K hat am Ende der Eingabeoperation den Wert 12. Mit der READ-Anweisung 2 werden Datenelemente aus der Datei 8 gelesen. Das Lesen erfolgt ohne FORMAT-Steuerung und beginnt mit Satz 10. Da wir davon ausgehen, daß standardmäßig vier Speicherstellen pro REAL-Variable belegt werden, liest die READ-Anweisung 2 einen ganzen Satz ein. Der Wert der assoziierten Variablen J ist anschließend 11.

Die WRITE-Anweisung bei direktem Zugriff zu Dateien hat die allgemeine Form

WRITE (n'r, b) Liste

n ist eine vorzeichenlose ganzzahlige Konstante oder Variable zur Kennzeichnung der logischen Nummern der Datei. Auf n muß ein Hochkomma (') folgen.
r ist ein INTEGER-Ausdruck. r gibt die relative Position des Satzes in der Datei n an.
b ist eine Anweisungsnummer einer FORMAT-Anweisung oder der Name eines Bereichs, der die FORMAT-Angaben enthält. Die Angabe von b ist fakulativ.

Die WRITE-Anweisung wird an einem Beispiel erklärt.

```
      DEFINE FILE 7(20, 80, L, K), 8(50, 20, L, J)
      DIMENSION N(10)
      . . .
      J = 5
      . . .
100   FORMAT (5I16)
  1   WRITE (7'10, 100) (N(I), I = 1, 10)
      . . .
  2   WRITE (8'J+5) X, Y, Z, A, B
```

Mit der WRITE-Anweisung 1 werden in die Datei mit der logischen Nummer 7 unter FORMAT-Steuerung zehn Datenelemente geschrieben. Die Übertragung beginnt mit Satz 10. Da jeder Satz auf 80 Speicherstellen begrenzt ist, pro Datenelement 16 Speicherstellen verwendet werden sollen, werden insgesamt zwei Sätze geschrieben. Die assoziierte Variable K hat am Ende der Übertragung den Wert 12. Mit der WRITE-Anweisung 2 werden Datenelemente ohne FORMAT-Steuerung in die Datei mit der logischen Nummer 8 geschrieben. Die Übertragung beginnt mit Satz 10. Da wir davon ausgehen, daß pro REAL-Variable 4 Speicherstellen belegt werden, so werden mit 5 Variablen insgesamt 20 Speicherstellen, das ist die maximale Länge eines Satzes der Datei mit der logischen Nummer 8, d.h. genau ein Satz geschrieben. Am Ende der Operation hat die Variable J den Wert 11.

Die letzte zu behandelnde Anweisung zur Manipulation von Dateien unter direktem Zugriff ist die FIND-Anweisung. Die FIND-Anweisung hat die allgemeine Form

FIND (n'r)

n ist eine vorzeichenlose ganzzahlige Konstante oder Variable, die die logische Nummer der Datei kennzeichnet. Auf n muß ein Hochkomma (') folgen.
r ist ein INTEGER-Ausdruck und repräsentiert die relative Position eines Satzes in der Datei n.

Mit der FIND-Anweisung sollen Sätze in der Datei aufgesucht werden, während der gegenwärtige Satz noch verarbeitet wird. Zweck dieser Anweisung ist die Erhöhung der Verarbeitungsgeschwindigkeit des Objektprogramms. Die FIND-Anweisung wird wieder an einem Beispiel erklärt.

Beispiel:

```
      DEFINE FILE 7(20, 80, L, K)
  1   FIND (7'20)
      . . .
      . . .
  2   READ (7'20) X, Y
```

Während die Anweisungen vor der READ-Anweisung 2 ausgeführt werden, wird in der Datei mit der logischen Nummer 7 der 20. Satz gesucht. Der Wert der assoziierten Variablen K wird dabei auf 20 gesetzt. Nach Ausführung der READ-Anweisung ist dieser Wert gleich 21.

Zum Gebrauch der assoziierten Variablen ist zu bemerken, daß bei Verwendung von v zur Kennzeichnung der Positionierung des Satzes eine Datei sequentiell abgearbeitet werden kann.

7. Kapitel. FORMAT-Anweisung

Werden die von einem Programm zu verarbeitenden Daten von Lochkarten oder anderen Datenträgern, auf denen die Daten formatiert gespeichert sind, oder über Datensichtgeräte eingelesen, oder werden die Ergebnisse der Berechnung auf einem Schnelldrucker ausgedruckt, über Datensichtgeräte ausgegeben oder auf einem anderen Datenträger formatiert zwischengespeichert, so ist für die entsprechende READ- oder WRITE-Anweisung eine FORMAT-Anweisung als organisatorische Anweisung zu definieren. Die allgemeine Form einer FORMAT-Anweisung ist

n FORMAT (Liste von Spezifikationen)

n ist die Anweisungsnummer der FORMAT-Anweisung, auf sie wird in der dazugehörigen READ- oder WRITE-Anweisung bezuggenommen. Eine FORMAT-Anweisung kann von *mehreren* READ- und WRITE-Anweisungen angesprochen werden.

Die Liste der Spezifikationen steht in Klammern eingeschlossen hinter dem Wort FORMAT und enthält die Umwandlungsschlüssel und Angaben über die Form, in der die Daten ein- oder ausgegeben werden sollen.

Die Umwandlungsschlüssel dienen zur Konvertierung der Daten in die oder aus der internen Darstellung der Rechenanlage. Daten, die z.B. auf Lochkarten abgelocht sind oder mit dem Schnelldrucker ausgedruckt werden sollen, sind je nach dem, ob sie als ganzzahlige, reelle, erhöhtgenaue, komplexe, logische oder literale Variablen intern gespeichert werden sollen oder gespeichert waren, durch entsprechende im folgenden noch ausführlich darzustellende Umwandlungsschlüssel bzw. Spezifikationen aus der oder in die übliche Dezimaldarstellung und alphabetische Schreibweise zu konvertieren. Die Spezifikationen enthalten außerdem Angaben über die Einteilung des Datenträgers hinsichtlich der Speicherung der Daten, bei der Lochkarte sind dies Angaben zur Aufteilung der 80 Spalten, beim Maschinenausdruck sind dies Angaben zur Aufteilung der maximal 160 Spalten des Blattes[19]).

Die FORMAT-Anweisung ist eine nicht ausführbare Anweisung eines FORTRAN-Programms, sie kann deshalb an *jeder* Stelle des Programms stehen. Zweckmäßigerweise schreibt man sie nach der ersten sie aufrufenden READ- oder WRITE-Anweisung. Dies erleichtert das Lesen und Korrigieren des Programms.

Wir unterscheiden drei Arten von Spezifikationen:

7.1 Spezifikationen zur Konvertierung
7.2 Spezifikation zur Karten- und Blatteinteilung
7.3 Skalenfaktor P

7.1 Spezifikationen zur Konvertierung

7.1.1 Spezifikation Iw

Die Spezifikation dient zur Eingabe und Ausgabe der Werte von INTEGER Variablen.

I ist der Umwandlungschlüssel
w ist eine vorzeichenlose ganzzahlige Konstante zur Spezifizierung der bei der Eingabe oder Ausgabe jeweils verarbeiteten Datenfeldlänge.

Mit der Spezifikation I können nur ganzzahlige Zahlen ohne Dezimalpunkt gelesen oder gedruckt werden.

Eingabe:

Die am weitesten rechts stehende Spalte des mit w abgedeckten Kartenfelds wird als Einerstelle, die links daneben stehende als Zehnerstelle, etc., in-

---

[19]) Die Zahl der zum Maschinenausdruck zur Verfügung stehenden Spalten variiert je nach Rechenanlage geringfügig.

terpretiert. Rechts von wesentlichen Ziffern befindliche Leerstellen werden als Nullen interpretiert. Enthält das Kartenfeld keine Lochung, so wird der Variablen bei manchen Rechenanlagen (z.B. UNIVAC 1107/08) eine *negative* Null zugeordnet. Da sich dies bei logischen Vergleichen auswirken kann, sollte eine Null gestanzt werden, falls dieser Zahlenwert eingelesen werden soll. Negative Vorzeichen müssen gelocht werden, positive Vorzeichen sind fakultativ.

Ausgabe:

Der Zahlenwert der Variablen wird rechtsbündig im vorgesehenen Druckfeld gedruckt. Ein Minuszeichen wird unmittelbar links vor der ersten wesentlichen Ziffer gedruckt. Ein Pluszeichen wird nicht gedruckt. Ist die intern gespeicherte Zahl größer als mit der Feldweite w vorgesehen, so wird bei einigen Maschinen (z.B. UNIVAC 1107/08) das Feld mit dem Zeichen * ausgefüllt, bei anderen (z.B. SIEMENS-System 7.000 und 4004) werden die ersten überzähligen Ziffern abgeschnitten. Der ausgedruckte Zahlenwert ist in diesen Fällen falsch.

Beispiel: Gegeben sei folgender Programmausschnitt

```
      READ (5, 1) INKA
    1 FORMAT (I10)
```

Mit dieser FORMAT-Anweisung werden die Ziffern in den ersten 10 Spalten einer Lochkarte als ein Zahlenwert interpretiert, der der Variablen INKA zugeordnet wird.

Das Beispiel zeigt, welche Werte INKA je nach Lochung der Karte zugewiesen werden.

1. Lochversion

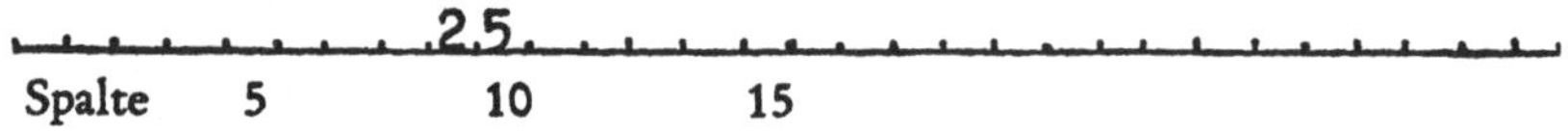

```
.........25..........................
Spalte    5         10        15
```

INKA wird der Wert 25 zugewiesen.

2. Lochversion

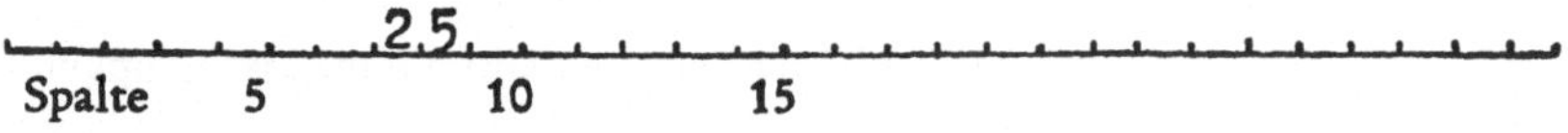

```
........25...........................
Spalte    5         10        15
```

INKA wird der Wert 250 zugewiesen.

3. Lochversion

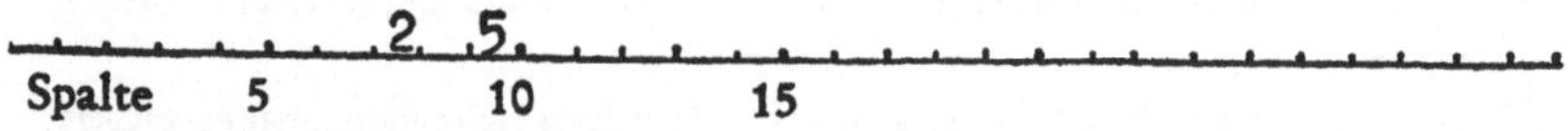

```
........2 5..........................
Spalte    5         10        15
```

INKA wird der Wert 205 zugewiesen.

4. Lochversion

```
  25
Spalte 5  10  15
```

INKA wird der Wert 25 000 000 zugewiesen.

Zur Schreibweise von Folgen von Spezifikationen zur Konvertierung ist zu sagen, daß diese Spezifikationen durch Kommata zu trennen sind. Die Spezifikationen werden den Variablen in der Liste der READ- oder WRITE-Anweisung in der gleichen Reihenfolge zugeordnet, wie sie in der Klammer der FORMAT-Anweisung aufgeführt sind.

Beispiel: Gegeben sei eine Datenkarte

```
  -1536  14-9 6  111
Spalte 5  10  15  20
```

Sie wird mit der folgenden READ-Anweisung gelesen:

READ (5,2) I, J, K, L, M

Ist die zugehörige Formatanweisung

2 FORMAT (I5, I5, I1, I2, I6)

so erhalten wir die Werte

I = – 15 J = 36001 K = 4 L = – 9 M = 60011

Ist die zugehörige Formatanweisung

2 FORMAT (I4, I3, I4, I3, I4)

so erhalten wir die Werte

I = – 1 J = 536 K = 14 L = – 90 M = 6001

Die restlichen Ziffern auf der Datenkarte werden jeweils ignoriert.

Würden wir die mit der zweiten FORMAT-Anweisung eingelesenen Werte mit folgender anderen FORMAT-Anweisung

WRITE (6,3) I, J, K, L, M
3 FORMAT (I3, I4, I3, I4, I3)

wieder ausgeben, so erhielten wir folgenden Ausdruck auf der UNIVAC 1107/1108

```
 -1 536 14 -90***
```

und auf dem SIEMENS-System 7.000 und 4004

```
 -1 536 14 -90001
```

Der Unterschied besteht, wie schon beschrieben, in der Behandlung der für die gegebene Feldweite zu großen Zahlenwerte. Zur Vereinfachung der Schreibweise können alle Spezifikationen zur Konvertierung bei gleichbleibender Form auch mit einem *Wiederholungsfaktor*, der unmittelbar links vor den Umwandlungsschlüssel geschrieben wird, versehen werden. Statt I2, I2, I2 schreibt man also 3I2. Auch eine sich wiederholende Folge von Spezifikationen kann auf diese Weise verkürzt geschrieben werden. Die Folge von Spezifikationen ist dazu in Klammern zu setzen und mit einem Wiederholungsfaktor zu versehen. Z.B. schreibt man statt

I3, I6, I3, I6 auch 2(I3, I6)

7.1.2 Spezifikation Fw.d

Die Spezifikation Fw.d dient zur Eingabe und Ausgabe der Werte von REAL-Variablen in exponentfreier Darstellung auf dem Datenträger. Zur Eingabe und Ausgabe mit Exponenten siehe 7.1.3.

F ist der Umwandlungsschlüssel,
w ist eine vorzeichenlose ganzzahlige Konstante zur Spezifizierung der bei der Eingabe oder Ausgabe jeweils verarbeiteten Datenfeldlänge,
d ist die Anzahl der rechtsbündig im Datenfeld der Lochkarte stehenden Ziffern (inklusiv Leerspalten), die als Dezimalstellen interpretiert werden.

Eingabe:

Mit der Spezifikation Fw.d werden REAL-Variablen des Programms Zahlenwerte zugewiesen, die entweder mit oder ohne Dezimalpunkt gelocht sind. Während bei der Lochung von Zahlenwerten ohne Dezimalpunkt der Stellung der Ziffernfolge im Datenfeld noch eine Bedeutung zukommt, insofern nämlich als d rechtsbündig stehende Ziffern als echtgebrochener Teil der Zahl interpretiert werden, so besteht bei der Lochung von Zahlenwerten *mit* Dezimalpunkt eine gewisse Freiheit der Anordnung der Ziffern im Datenfeld, da die Angabe d ignoriert wird.

Ausgabe:

Die Werte werden grundsätzlich mit Dezimalpunkt rechtsbündig im vorgesehenen Datenfeld ausgedruckt. Es werden nur negative Vorzeichen ausgedruckt. Da für evtl. negative Vorzeichen, für mindestens eine Ziffer des ganzzahligen Teils der Zahl und den Dezimalpunkt drei Spalten des Ausdrucks benötigt werden, sollte $w \geqslant d + 3$ gewählt werden. Ist die auszudruckende Zahl größer als in der Feldweite w vorgesehen, so werden wie bei der Spezifikation Iw je nach Maschinentyp Sterne ausgedruckt oder die ersten Ziffern abgeschnitten.

Beispiel: Gegeben sei eine Datenkarte

```
 -1453 16 36.9    1111
Spalte 5    10   15   20
```

Sie wird mit der READ-Anweisung

READ (5,1) U, V, W, X, Y

gelesen.

Ist die zugehörige FORMAT-Anweisung

1 FORMAT (F6.1, F4.2, F8.4, F2.0, F2.1)

so erhalten wir die Werte

U = – 145.3 V = 1.60 W = 36.9 X = 11.0 Y = 1.1

Ist die zugehörige FORMAT-Anweisung

1 FORMAT (F4.0, F5.3, F6.0, F3.1, F3.1)

so erhalten wir die Werte

U = – 14.0 V = 53.016 W = 36.9 X = 0.0 Y = 11.1

Werden die mit der zweiten FORMAT-Anweisung eingelesenen Werte mit der folgenden FORMAT-Anweisung

WRITE (6,3) U, V, W, X, Y
3 FORMAT (5F5.2)

wieder ausgegeben, so erhalten wir folgenden Ausdruck auf der UNIVAC 1107/08

```
*****53.02 36.90 0.0011.10
Spalte 5    10   15   20   25
```

und auf dem SIEMENS-System 7.000 und 4004

```
14.0053.02 36.90 0.0011.10
Spalte 5    10   15   20   25
```

Die Gründe für die Unterschiede wurden schon beschrieben. Es ist aber noch anzumerken, daß der Ausdruck gerundet erfolgt:

V = 53.016 wird mit F5.2 als 53.02 ausgedruckt

Nach dem Studium der Abschnitte 7.1.1 und 7.1.2 sollte der Leser zunächst wieder die Ausführungen zu den Eingabe- und Ausgabeanweisungen auf den Seiten 46ff. durcharbeiten.

*7.1.3 *Spezifikation* Ew.d

Die Spezifikation Ew.d dient zur Eingabe und zur Ausgabe der Werte von *reellen* Variablen in der Darstellung mit oder ohne ganzzahligen Exponenten zur Basis 10.

E ist der Umwandlungsschlüssel
w ist eine vorzeichenlose ganzzahlige Konstante zur Spezifizierung der bei der Eingabe oder Ausgabe jeweils verarbeiteten Datenfeldlänge
d ist die Zahl der als Mantisse interpretierten Ziffern, falls kein Dezimalexponent gelocht wurde. Ein gelochter Dezimalpunkt bewirkt die Ignorierung der Angabe d.

Eingabe:

Die von den Datenkarten mittels der Spezifikation Ew.d einzulesenden Zahlenwerte bestehen im allgemeinen aus einem ganzzahligen Teil zzz . . . z. einem echt gebrochenen Teil yyy . . . y und einem Exponenten ee.

zzz . . . z . yy . . . yE ± ee

Beispiel:

13.436E + 03   4.516E − 06

Statt E + 03 und E − 06 kann aber kürzer geschrieben werden

E03	oder	E − 6	oder
E + 3	oder	− 06	oder
E3	oder	− 6	
+ 03	oder		
+ 3			

Mantisse und Exponent müssen also stets getrennt werden durch eine der Zeichenfolge E +, E, E −, +, −.

Für den Exponenten werden maximal *zwei* Ziffern verwandt. Die Ziffernfolge des einzulesenden Wertes muß rechtsbündig im Datenfeld abgelocht werden, da sonst Leerstellen als Nullen interpretiert werden.

Beispiel: Gegeben sei die Spezifikation E10.2

Dann ist die Datenkarte

```
   134E+02
Spalte 5         10         15
```

falsch gelocht, da auf Grund der Feldweite 10 ein Exponent 20 interpretiert wird. Die richtige Lochung ist

```
     134E+02
Spalte 5         10         15
```

Da kein Dezimalpunkt gelocht wurde, werden zwei Ziffern links vor dem E als Dezimalziffern interpretiert. Der eingelesene Variablenwert ist also $1.34 \cdot 10^2$ bzw. 134.0.

Leerstellen vor dem E oder vor einem der dargestellten äquivalenten Trennungszeichen werden ebenfalls als Nullen interpretiert. Daher wird mit E10.2 von folgender Datenkarte

```
   1 3 4 0 E + 0 2
Spalte  5        10        15
```

der Wert $13.4 \cdot 10^2$ bzw. 1340.0 eingelesen.

Mit der Spezifikation Ew.d können auch Zahlen in der Darstellung *ohne* Exponent eingelesen werden. In diesem Falle wird der Exponent als Null interpretiert. Mit der Spezifikation E10.2 wird von der Datenkarte

```
      8 4 5 . 1
Spalte  5        10        15
```

der Wert $845.1 \cdot 10^0$ bzw. 845.1 eingelesen. (Wegen des gelochten Dezimalpunkts wird die Angabe d ignoriert).

Von der Datenkarte

```
       4 5 6 1
Spalte  5        10        15
```

wird mit E 10.2 der Wert $45.61 \cdot 10^0$ bzw. 45.61 eingelesen.

Vorzeichen müssen unmittelbar links vor der ersten wesentlichen Ziffer des Datenfelds gelocht werden.

Ausgabe:

Der Ausdruck der Zahlenwerte erfolgt mittels der Spezifikation Ew.d in einer standardisierten Form, die allerdings je nach Maschinentyp gewisse Abweichungen aufweist.

Je nach Maschinentyp werden damit zusätzlich zur Zahl der gewünschten Mantissenziffern 5 bis 7 Spalten zum Ausdruck des ganzen Zahlenwerts benötigt.

Die Feldweite muß also $w \geqslant d + m$ sein, wobei je nach Maschinentyp m die Werte 5,6 oder 7 haben kann.

**7.1.4 Spezifikation* Dw.d

Diese Spezifikation dient zur Eingabe und zur Ausgabe der Werte von *erhöhtgenauen* Variablen. Sinngemäß gilt das zur Spezifikation Ew.d dargestellte auch für die Spezifikation Dw.d. Es ist aber zu beachten, daß bei der Eingabe die Zahlen mit Mantisse *und* einem Exponenten dargestellt werden müssen, bei einigen Maschinen (z.B. UNIVAC 1107/08) der Exponent drei Ziffern haben darf, und Mantisse und Exponent immer durch D, D+ oder D– getrennt werden müssen.

*7.1.5 *Eingabe und Ausgabe komplexer Zahlen*

Komplexe Zahlen werden nach Real- und Imaginärteil getrennt abgelocht. Da es sich hierbei generell um Zahlen in Gleitkommadarstellung handelt, ist für jeden Teil der Zahl eine Spezifikation vom Typ Fw.d oder Ew.d vorzusehen.

Beispiel: Gegeben sei folgendes Programmstück

```
      COMPLEX X
      READ (5,1) X
    1 FORMAT (F5.2, F8.3)
      . . .
```

und folgende Datenkarte

```
  3  4      1 6 2 3
Spalte  5       10       15
```

Für den Realteil wird damit 3.4 und für den Imaginärteil 1.623 eingelesen. Der Wert von X ist also

$$X = 3.4 + 1.623i$$

*7.1.6 *Spezifikation* Lw

Die Spezifikation Lw dient der Eingabe und Ausgabe von Werten *logischer* Variablen.

L ist der Umwandlungsschlüssel
w ist die Feldweite des Datenfelds.

Eingabe:

Das erste Zeichen T, das in dem mit w abgesteckten Datenfeld gefunden wird, definiert den Wert der Variablen als .TRUE. wird ein F als erstes Zeichen von links in dem betreffenden Datenfeld gelesen, so erhält die Variable den Wert .FALSE.

Ist kein T oder F in dem Datenfeld vorhanden, so wird bei einigen Maschinen (z.B. UNIVAC 1107/08) kein Wert zugewiesen, bei anderen Maschinen (z.B. SIEMENS-System 7.000 und 4004) wird der Wert .FALSE. zugewiesen.

Ausgabe:

Ist der Wert der auszudruckenden Variablen .TRUE., so wird rechtsbündig in dem durch w bestimmten Datenfeld ein T gedruckt, ist dagegen der interne Wert .FALSE., so wird rechtsbündig ein F gedruckt.

Beispiel:

```
      LOGICAL X, Y
      READ (5, 3) X, Y
    3 FORMAT (L5, L5)
```

```
. . T . . . . F . . . . . . . . . . . . . . . . . . . . . .
Spalte    5         10         15
```

Wird die obige Datenkarte mit dem vorangehenden Programmstück gelesen, so erhalten wir intern die Werte

X = .TRUE. und Y = .FALSE.

7.1.7 Spezifikation Aw

Die Spezifikation Aw dient zur Ein- und Ausgabe der literalen Variablen zuzuweisenden oder zugewiesenen alphamerischen Zeichen.

A ist der Umwandlungsschlüssel,
w ist eine vorzeichenlose ganzzahlige Konstante zur Spezifizierung der bei der Eingabe oder Ausgabe jeweils verarbeiteten Datenfeldlänge.

w hat je nach Maschinentyp einen unterschiedlichen maximalen Zahlenwert. Dies hängt von der Länge des Speicherworts und dem implementierten Code der Rechenanlage ab. Den maximalen Wert der Datenfeldlänge w bezeichnen wir in folgendem mit s.

BURROUGHS 7000/6000	s = 6	(12 bei Listenelementen vom Typ DOUBLE PRECISION)
CDC 6000	s = 10	
IBM-System/360 und 370 SIEMENS-System 7.000/4004 UNIVAC 1107/08	s = 4	(8 bei Listenelementen vom Typ DOUBLE PRECISION)

Eingabe:

Ist in der Spezifikation die Feldweite $w > s$ gewählt worden, so werden die s Zeichen gespeichert, die *rechtsbündig* in dem mit w fixierten Datenfeld der Lochkarte stehen. Ist $w < s$, so werden w-Zeichen im Speicherwort von links nach rechts gespeichert, der Rest des Speicherworts enthält Leerstellen.

Beispiel für s = 4:

```
      READ (5,1) NAM1, NAM2
    1 FORMAT (A3, A7)
```

```
A B C D E F G H I J K L M N . . . . . . . . . . . . . . . .
Spalte    5         10
```

Mit obiger READ- und FORMAT-Anweisung wird von der angegebenen Datenkarte

auf NAM1 die Zeichenfolge ABC ␣ und
auf NAM2 die Zeichenfolge GHIJ gespeichert.

Ausgabe:

Ist in der Spezifikation die Feldweite w > s gewählt worden, so werden in dem mit w fixierten Datenfeld s Zeichen *rechtsbündig* ausgedruckt. Ist w < s, so werden w am weitesten *links* im Speicherwort stehende Zeichen ausgedruckt.

Beispiel für s = 4:

Die vorher auf NAM1 und NAM2 eingelesenen Zeichenfolgen werden nun wieder ausgedruckt.

```
      WRITE (6,2) NAM1, NAM2
    2 FORMAT (A5, A2)
```

Wir erhalten dann den folgenden Ausdruck

```
 ABC GH
Spalte    5       10
```

Längere Zeichenfolgen werden sinnvollerweise auf ein Feld eingelesen. Das Wort

FORTRANPROGRAMMIERKURS

kann dann z.B. wie folgt eingelesen werden:

```
      DIMENSION X(6)
      READ (5,3) X
    3 FORMAT (5A4, A2)
```

Die sechs Speicherplätze des Feldes X enthalten dann die Zeichenfolgen

FORT RANP ROGR AMMI ERKU RS ␣␣

Druckt man das Feld mit der Spezifikation

6A3 aus, so erhält man das Druckbild

```
FORRANROGAMMERKRS
Spalte    5       10       15       20
```

UNIVAC und CDC FORTRAN kennen noch eine weitere Spezifikation zur Ein- und Ausgabe von alphamerischen Zeichen, die Spezifikation Rw. Sie unterscheidet sich von der Spezifikation Aw nur dadurch, daß falls w < s ist, die w am weitesten *rechts* stehenden Zeichen eingelesen bzw. ausgedruckt werden.

*7.1.8 *Die Spezifikationen* Ow, Zw *und* Gw.d

Diese Spezifikationen sind nicht für alle Rechenanlagen definiert und sollen daher nicht ausführlich besprochen werden, zumal der Anfänger sie kaum benötigen wird. Nur einige kurze Bemerkungen seien zur Charakterisierung angebracht.

Die Spezifikation Ow ist nur für die Rechenanlagen BURROUGHS 7000/6000 und UNIVAC 1107/08 definiert. Sie erlaubt die Konvertierung von Zahlen des oktalen Zahlensystems.

Die Spezifikation Zw ist für die Rechenanlagen BURROUGHS 7000/6000 und IBM-System/360 und 370 definiert. Sie erlaubt die Konvertierung von Zahlen des hexadezimalen Zahlensystems.

Die Spezifikation Gw.d ist für alle betrachteten Anlagen definiert. Leider sind diese Definitionen recht verschieden. Die Spezifikation soll grundsätzlich die Eigenschaft besitzen, Werte fast aller Variablentypen einzulesen und auszudrucken. Dazu wird die Spezifikation Gw.d entsprechend dem Variablentyp als Fw.d, Ew.D, Dw.d, Iw und Lw interpretiert. Mit dieser Spezifikation sollte einem der häufigsten Fehler des Anfängers begegnet werden, eine dem Typ der Variablen *nicht* entsprechende Spezifikation zu wählen.

7.2 Spezifikationen zur Karten- und Blatteinteilung

7.2.1 Spezifikation wX

Die Spezifikation wX bewirkt bei der Eingabe, daß w Spalten der Lochkarte überlesen werden, und bei der Ausgabe, daß w Spalten des Ausdrucks übersprungen werden.

Beispiel: Die Variablen A und B haben die Werte:

A = 13.3 B = 145.6

Die Anweisungen

```
      WRITE (6,1) A, B
    1 FORMAT (5XF8.2,5XF8.2)
```

bewirken den Ausdruck:

```
          13.30          145.60
Spalte 5    10   15   20   25
```

Spezifikationen zur Karten- und Blatteinteilung brauchen von nachfolgenden Spezifikationen nicht durch Kommata getrennt werden.

7.2.2 Spezifikation wH

Mit der Spezifikation wH können alphamerische Texte gleich in der FORMAT-Anweisung definiert werden. w ist dabei die Anzahl der Zeichen des Textes.

Beispiel: Der Wert einer Variablen X soll mit erklärendem Text ausgedruckt werden. Dies leistet das Programmstück

```
      WRITE (6,3) X
    3 FORMAT (21H␣DER␣MONATSUMSATZ␣ISTF8.2)
```

Ist der Wert von X = 1345.5, so erhalten wir den Ausdruck

```
 DER MONATSUMSATZ IST   1345.50
Spalte 5    10   15   20   25   30
```

Hinter der Spezifikation wH ist kein Komma erforderlich. Es ist aber unbedingt darauf zu achten, daß die Zahl der auszudruckenden Textspalten mit der Angabe w übereinstimmt. Wäre w im obigen Fall beispielsweise als 22 angegeben worden, so würde das „F" der Spezifikation F8.2 noch zum Text gezählt werden und die Angabe „8.2" wäre sinnlos.

Die Leerstellen im Textfeld hinter H zählen als gültige Zeichen, die mitgezählt werden müssen.

Die Spezifikation wH kann durch Hochkommata (Apostrophe), die den Text einschließen, ersetzt werden.

9HABCDEFGHI ist gleichwertig zu 'ABCDEFGHI'

Enthält der Text selbst ein Hochkomma, so ist dies doppelt zu schreiben. Es wird dann aber nur einmal ausgedruckt:

7HMAIER'S ist gleichwertig zu 'MAIER''S'

Eine FORMAT-Anweisung, die nur Spezifikationen zur Karten- und Blatteinteilung enthält, wird von einer READ- oder WRITE-Anweisung *mit leerer Liste* angesprochen.

Den folgenden Teil des Abschnitts 7.2.2 kann der Anfänger überlesen.

Die Spezifikation dient auch der Eingabe und Ausgabe von alphamerischen Zeichen.

Eingabe:

w Zeichen hinter H in der FORMAT-Anweisung werden durch w Zeichen auf der mit der gleichen FORMAT-Anweisung gelesenen Lochkarte ersetzt.

Beispiel: Die Lochkarte

```
 BETRIEBSSTATISTIK
Spalte 5    10   15
```

wird mit den Anweisungen

```
      READ (5,2)
    2 FORMAT (18HAAAAAAAAAAAAAAAAAA)
```

gelesen.

Statt der 18A hinter H steht jetzt im Speicher die Zeichenfolge BETRIEBS-STATISTIK hinter H. Was wir damit erreicht haben, wird deutlich, wenn wir die Bedeutung der Spezifikation H bei der Ausgabe kennengelernt haben.

Ausgabe:

w Zeichen hinter H in der FORMAT-Anweisung werden ausgedruckt.

Beispiel:

Nachdem mit den obigen Anweisungen die Überschrift ␣BETRIEBSSTATISTIK eingelesen wurde, kann sie jetzt mit dem obigen Format ausgedruckt werden.

```
      WRITE (6,2)
```

durckt jetzt nicht 18 mal das Zeichen A, sondern

```
 BETRIEBSSTATISTIK
Spalte 5    10   15   20
```

*7.2.3 *Spezifikation* Tw

Diese Spezifikation dient der Positionierung der zu übertragenden Daten. Mit Tw kann die Stelle der Lochkarte fixiert werden, von der der Wert einzulesen ist und es kann die Spalte im Ausdruck festgelegt werden, ab der der Wert auszudrucken ist. Variablen brauchen damit also nicht mehr in der Folge eingelesen oder ausgedruckt werden, in der die Werte auf der Lochkarte oder dem Maschinenausdruck angeordnet sind. Die Angabe w bewirkt m.a.W. ein Lesen bzw. ein Drucken ab der w-ten Spalte.

Beispiel:

Die Datenkarte

```
16004.1 12      1346
Spalte 5    10   15   20   25
```

wird mit den Anweisungen

```
      READ(5,1) X, I, Z
    1 FORMAT(T17,F4.2,T9,I2,T1,F7.2)
```

gelesen.

Der Wert der Variablen X wird ab Spalte 17 gelesen: X = 13.46
Der Wert der Variablen I wird ab Spalte 9 gelesen: I = 12
Der Wert der Variablen Z wird ab Spalte 1 gelesen: Z = 16004.1

Die eingelesenen Werte von X, I, Z werden mit den Anweisungen

```
      WRITE(6,2)X,I,Z
      FORMAT(T10,F8.2,T2,I3,T21,F8.2)
```

wie folgt ausgedruckt.

```
   12       13  46   160 04  10
Spalte  5    10   15   20   25
```

Bei der Gestaltung des Ausdrucks ist zu berücksichtigen, daß die *1. Spalte* einer Druckzeile nie ausgedruckt wird. Das für die 1. Spalte vorgesehene Zeichen wird vielmehr benutzt, den Zeilen- bzw. Blattvorschub des Ausdruckpapiers zu steuern. Zeichen für die Blattsteuerung sind das Leerzeichen ␣, +, 0 und 1. Die Bedeutung dieser Zeichen ist:

␣ : Beginn einer neuen Zeile beim Druck
+ : Keine neue Zeile beim Druck; der neue Aufzeichnungssatz wird in die alte Zeile gedruckt
0: Eine Leerzeile vor dem Druck in der nächsten Zeile
1: Beginn einer neuen Seite beim Druck

Die Vorschubzeichen können mittels der Spezifikation nH an die erste Stelle eines Aufzeichnungssatzes gebracht werden.

Beispiel:

Die Anweisungen

```
      WRITE(6,1)
    1 FORMAT(1H130X12HUEBERSCHRIFT)
```

bewirken Vorschub auf neue Seite und Druck des Textes UEBERSCHRIFT ab Spalte 32 auf dem Papier.

*7.3 Der Skalenfaktor P

Der Skalenfaktor nP kann nur in Verbindung mit den Spezifikationen Fw.d, Ew.d und Dw.d angewandt werden. Er bewirkt bei der *Spezifikation Fw.d* eine wertmäßige Veränderung der intern gespeicherten Zahl gegenüber der externen Darstellung um eine durch n bestimmte Potenz von 10.

Es gilt

$$\text{Externe Zahl} = \text{Interne Zahl} \cdot 10^{n}$$

Ist z.B. die Zahl 13.46 auf der Datenkarte gelocht und soll der Wert 1346.0 eingelesen werden, so ist dies mit –2PF5.2 möglich, da

$$13.46 = 1346.0 \cdot 10^{-2}$$

ist.

Es ist zu beachten, daß der Skalenfaktor auch für alle folgenden Spezifikationen gilt, falls er nicht durch 0P wieder aufgehoben wird.

Beispiel:

```
   11 FORMAT(3P6F4.2,0PF4.2)
```

Während der Skalenfaktor in Verbindung mit der Spezifikation Fw.d sowohl bei der Eingabe wie bei der Ausgabe Anwendung findet, ist er in Verbindung mit den *Spezifikationen Ew.d und Dw.d* nur bei der *Ausgabe* sinnvoll. Hier wird die interne Zahl wertmäßig *nicht* verändert. Wird bei der Mantisse der Dezimalpunkt nach rechts oder links verschoben, so wird der Exponent entsprechend verringert oder erhöht.

Beispiel:

Das Format 7PE8.2 bewirkt den Ausdruck des internen Wertes 0.630E–06 als 63.00E–08.

7.4 Die Auswertung der FORMAT-Anweisung

Mit der Formatanweisung werden die Listenelemente von Eingabe- und Ausgabeanweisung in physikalische Aufzeichnungssätze unterteilt. Die Länge eines physikalischen Satzes wird vom Aufbau der Datenträger bestimmt. Im wesentlichen sind dies die Lochkarte, das Papier des Maschinenausdrucks und der physikalische Block eines Magnetbands. Es gibt mehrere Arten, Aufzeichnungssätze zu definieren. Wir werden uns damit in folgendem beschäftigen.

1. Enthält die FORMAT-Anweisung eine Folge nur durch Kommata getrennter Spezifikationen ohne zusätzliche Klammern innerhalb der Formatklammern, so wird der Anfang eines physikalischen Aufzeichnungssatzes durch die „Klammer auf" und das Ende durch die „Klammer zu" der FORMAT-Anweisung definiert.

```
n   FORMAT (---,---,---,---)
           <--------------->
           Aufzeichnungssatz
```

Die Spezifikationen innerhalb der Formatklammern werden von links nach rechts abgearbeitet, wobei die Spezifikationen zur Konvertierung den Listenelementen der Eingabe- und Ausgabeanweisung entsprechend zugeordnet werden.

2. Enthält die FORMAT-Anweisung Schrägstriche (/), so beendet jeder Schrägstrich einen Aufzeichnungssatz und leitet gleichzeitig einen neuen ein. M.a.W., ein neuer Aufzeichnungssatz bedeutet bei einer READ-Anweisung beispielsweise das Lesen einer neuen Karte oder bei einer WRITE-Anweisung beispielsweise das Drucken einer neuen Zeile. Beim Drucken ist darauf zu achten, daß nach jedem Schrägstrich eine Spalte für das entsprechende Vorschubzeichen zur Blattsteuerung reserviert wird. Das gilt auch, wenn der oder die Schrägstriche bei Spezifikationsfolgen stehen, die zur Wiederholung mit Wiederholungsfaktor und Klammern versehen sind.

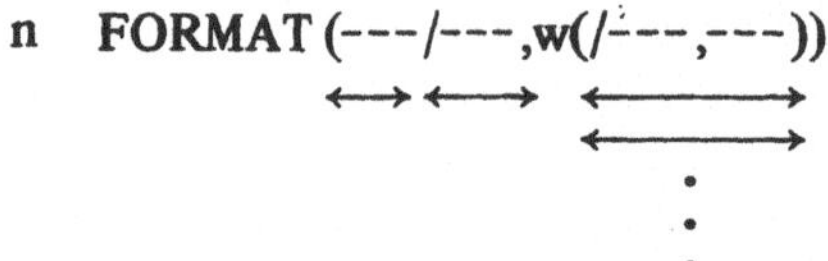

Die FORMAT-Anweisung definiert w+2 Aufzeichnungssätze, da der Schrägstrich in den inneren Klammer w-mal einen neuen Aufzeichnungssatz einleitet.

Eine dritte Möglichkeit, einen Aufzeichnungssatz zu definieren, werden wir erst darstellen können, wenn wir die wiederholte Abarbeitung einer FORMAT-Anweisung besprochen haben. Wir haben bereits dargelegt, daß die Variablen in der Liste der Eingabe- oder Ausgabeanweisung mit den in der FORMAT-Anweisung aufgeführten Spezifikationen verarbeitet werden. Dabei kann man drei Fälle unterscheiden:

a) Die Zahl der Spezifikationen zur Konvertierung ist gleich der Zahl der Listenelemente. Dieser Fall ist trivial.
b) Die Zahl der Spezifikationen zur Konvertierung ist größer als die Zahl der Listenelemente. In diesem Fall werden alle Listenelemente verarbeitet und die restlichen Spezifikationen werden ignoriert.
c) Die Zahl der Spezifikationen zur Konvertierung ist kleiner als die Zahl der Listenelemente. In diesem Fall werden alle Listenelemente verarbeitet und zwar durch wiederholte (zyklische) Abarbeitung des Formats. Da aber die schließende Klammer der FORMAT-Anweisung den Aufzeichnungssatz beendet, wird bei wiederholter Abarbeitung des Formats auch ein *neuer* Aufzeichnungssatz begonnen. Ein neuer Aufzeichnungssatz bedeutet z.B. bei einer READ-Anweisung das Lesen einer neuen Karte bzw. bei einer WRITE-Anweisung das Drucken einer neuen Zeile.

Beispiel:

```
    READ(5,1)A, B, C
1   FORMAT(F5.3)
```

Mit diesen Anweisungen werden *drei* Karten gelesen, da wegen der zyklischen Abarbeitung des Formats jedesmal ein neuer Aufzeichnungssatz begonnen wird. Das gleiche hätte mit den Anweisungen

```
    READ(5,2)A, B, C
2   FORMAT(F5.3/F5.3/F5.3)
```

erreicht werden können. Der neue Aufzeichnungssatz wird durch die Schrägstriche eingeleitet. In diesem Fall stimmen Zahl der Listenelemente und der Spezifikationen überein und die FORMAT-Anweisung wird nur einmal abgearbeitet. Der Schrägstrich ersetzt im übrigen auch das Trennungskomma.

Sollen alle drei Werte von einer Karte gelesen werden, so ist dies nur möglich mit den Anweisungen

```
    READ(5,3)A, B, C
3   FORMAT(3F5.3)
```

Die wiederholte Abarbeitung des Formats beginnt jedoch keineswegs immer mit der ersten Spezifikation der FORMAT-Anweisung. Das wollen wir jetzt näher erläutern.

Soll eine Folge von Spezifikationen wiederholt werden, so ist diese in Klammern zu setzen und mit einem Wiederholungsfaktor zu versehen. Es ist auch denkbar, daß diese Klammergruppe ihrerseits wieder zu einer Folge von Spezifikationen gehört, die eine Klammergruppe bilden, wie z.B. 6(8F4.3,4(E16.8,I4)). In einer FORMAT-Anweisung können mehrere Klammergruppen und geschachtelte Klammergruppen, die allerdings eine Klammerstufe von 2 nicht überschreiten dürfen, enthalten sein. Ist in einem solchen Falle eine wiederholte Abarbeitung der FORMAT-Anweisung erforderlich, so wird die FORMAT-Anweisung *von der Klammergruppe ab wiederholt, die am weitesten rechts steht und nicht in einer anderen Klammergruppe enthalten ist.*

3. Das bedeutet aber auch, daß der Aufzeichnungssatz nach dem erstmaligen Abarbeiten der FORMAT-Anweisung neu definiert wird, womit wir die dritte Form der Definition von Aufzeichnungssätzen erklärt haben.

Beispiele:

```
n  FORMAT(---,---/2(---,---/),(---,---))
         <------->  <------->
             1          2
                    <-------> <------->
                        3         4
                              <------->
                                  5
                              <------->
                                  6
                                  .
                                  .
                                  .
```

Die FORMAT-Anweisung enthält bei der erstmaligen Abarbeitung *vier* Aufzeichnungssätze. Bei wiederholter Abarbeitung wird die FORMAT-Anweisung vom vierten Aufzeichnungssatz an wiederholt.

```
n  FORMAT(---,2(---,3(---,---))/)
         <---------------------> <>
                    1             2
            <------------------> <>
                    3             4
            <------------------> <>
                    5             6
                    .             .
                    .             .
                    .             .
```

Die FORMAT-Anweisung enthält bei der erstmaligen Abarbeitung *zwei* Aufzeichnungssätze. Der zweite Aufzeichnungssatz besteht aus einer nicht gelesenen, d.h. übersprungenen Karte oder einer Leerzeile beim Ausdruck. Bei wiederholter Abarbeitung wird die FORMAT-Anweisung von *der* Klammergruppe an wiederholt, die am weitesten rechts steht und in keiner anderen Gruppe enthalten ist.

Beispiel:

Die Quadrate der ersten zehn ganzen Zahlen seien auf dem Vektor M gespeichert.

Mit der Anweisung

WRITE(6,1)(M(I), I = 1,10)

werden die Werte ausgedruckt, wobei wir verschiedene FORMAT-Anweisungen verwenden. Der Pfeil ↑ gibt die Stelle an, von der die FORMAT-Anweisung wiederholt wird.

1. 1 FORMAT(1X2I5)

```
.....1....4........................
     9   16
    25   36
    49   64
    81  100
```

2. 1 FORMAT(1XI4,2(I5)) gleichwertig zu FORMAT(1XI4,(2I5))

```
             ↑                                  ↑
....1....4....9..........................
   16   25
   36   49
   64   81
  100
```

3. 1 FORMAT(1XI4/(3I5))

```
             ↑
....1....................................
    4    9   16
   25   36   49
   64   81  100
```

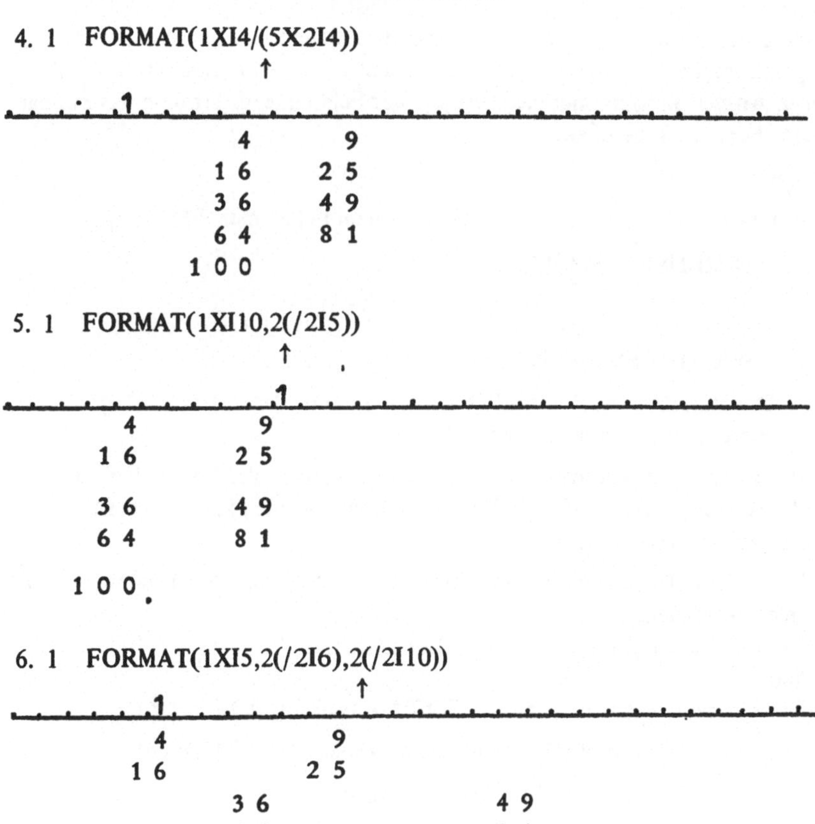

Damit wollen wir die Beispiele für die Auswertung von FORMAT-Anweisungen beenden. Eine Möglichkeit der Formatierung sei jedoch noch besonders behandelt; es ist das *variable Format*.

7.5 Variables Format

Wir sprechen in FORTRAN von variablem Format, wenn der „Inhalt" der FORMAT-Anweisung, d.h. die von den Formatklammer eingeschlossene Folge von Formatspezifikationen während der Ausführung des Programms definiert wird. Dabei wird also nur die Zeichenfolge definiert, die unmittelbar hinter dem Wort FORMAT einer FORMAT-Anweisung steht, also z.B. die Zeichenfolge

(1X,4E16.4)

Diese Zeichenfolge, – im Beispiel sind es 11 Zeichen, – wird in einem Feld gespeichert. In der Eingabe- oder Ausgabeanweisung wird dann statt der üblichen Anweisungsnummer des Formats der Feldname, unter dem das Format gespeichert ist, angegeben.

Beispiel:

Die Zeichenfolge des Formats sei unter dem Feldnamen FMT gespeichert.

```
DIMENSION FMT(3)
. . .
. . .
WRITE(6,FMT)A, B, C, D
```

Die Variablen A, B, C und D werden nun mit dem unter FMT gespeicherten Format ausgedruckt.

Das Format ist nun insofern variabel, als der Inhalt des Feldes FMT während des Programmablaufs beliebig neu definiert werden kann. Dies ist prinzipiell auf drei Arten möglich:

1. Die Zeichenfolge kann mit der Spezifikation Aw von einer Datenkarte eingelesen werden.
2. Die Zeichenfolge kann mit Literalkonstanten im Programm definiert werden.
3. Die Zeichenfolge wird mit einer DATA-Anweisung definiert[20]).

Beispiel zu 1.: s sei gleich 6 (s ist die maximale Datenfeldlänge).

Auf einer Datenkarte steht die Zeichenfolge

```
(20A2,F8.2,E16.3,F16.2)
```

Spalte 1

Diese Zeichenfolge wird auf das Feld XXX eingelesen. Mit der so gespeicherten FORMAT-Anweisung werden die nächsten 20 Karten der Datei gelesen.

```
  DIMENSION XXX(6), NAME (20,20), GEHALT (20),
1 R(20, F(20)
  READ(5,1) XXX
1 FORMAT(6A4)
  READ(5,XXX)((NAME(I,J),J = 1,20),GEHALT(I),R(I),
1 F(I), I = 1,20)
```

[20]) Die DATA-Anweisung wird im 8. Kapitel behandelt.

Beispiel zu 2.:

Es sei wieder s = 6. Ein Vektor Z ist dergestalt auszudrucken, daß die Komponenten, die den Wert Null haben, als Leerraum ausgedruckt werden. Beispielsweise ist der Vektor

(8.3,4.2,0.0,6.2,0.0,1.1)

auszudrucken als

8.3   4.2   6.2   1.1

Es sei vorher nicht bekannt, welche Komponenten Null sind. Das Programm hat also zu prüfen, welche der Komponenten Null sind, auf diese das alphamerische Zeichen „Leerzeichen“ zu speichern und die Zeichenfolge der FORMAT-Anweisung, mit der der Vektor ausgedruckt werden soll, so aufzubauen, daß die von Null verschiedenen Komponenten mit einer numerischen Spezifikation (z.B. Fw.d) und die „Leerzeichen“ enthaltenen Komponenten mit der Spezifikation Aw verarbeitet werden. Ein Vektor der obigen Art wäre z.B. mit der Zeichenfolge

(1X,F6.1.F6.1,A6,F6.1,A6.F6.1)

der FORMAT-Anweisung auszudrucken.

Die aufzubauende Zeichenfolge bezeichnen wir in folgendem als „Formatvektor“. Dementsprechend ordnen wir einzelne Zeichengruppen den Komponenten des Formatvektors, der auf dem Feld V gespeichert werden soll, zu. Das sieht dann so aus:

V(1) = 3H(1X
V(2) = 5H,F6.1
V(3) = 5H,F6.1
V(4) = 3H,A6
V(5) = 5H,F6.1
V(6) = 3H,A6
V(7) = 5H,F6.1
V(8) = 1H)

Diese Zuordnung muß aber nun das Programm vornehmen, denn uns sind ja die Komponenten des Vektors vor dem Ausdruck nicht bekannt.

```
      DIMENSION V(8), Z(6)
      . . .
      . . .
      DO 1 I = 1,6
      IF(Z(I))3,2,3
2     Z(I) = 6H␣␣␣␣␣␣
      V(I + 1) = 3H,A6
```

```
      GO TO 1
    3 V(I + 1) = 5H,F6.1
    1 CONTINUE
      V(1) = 3H(1X
      V(8) = 1H)
      WRITE(6,V)Z
      STOP
      END
```

In der DO-Schleife werden mittels der IF-Anweisung alle Komponenten des Vektors Z auf Wert 0 geprüft. Ist eine Komponente gleich 0 (Verzweigung nach 2), so werden Leerzeichen gespeichert und die zum Ausdruck bestimmte Komponente des Formatvektors erhält die Zeichenfolge ‚A6. Im anderen Fall (Verzweigung nach 3) erhält die Komponente des Formatvektors die Zeichenfolge ‚F6.1.

Können keine Literalkonstanten definiert werden, so ist dies über die DATA-Anweisung möglich, die im nächsten Kapitel behandelt wird.

8. Kapitel. NAMELIST- und DATA-Anweisung

Die nun zu behandelnden beiden organisatorischen Anweisungen dienen dazu, Variablen und Feldern Werte zuzuweisen. Mit der NAMELIST-Anweisung werden die Werte von Datenkarten eingelesen, allerdings ohne eine Formatangabe, mit der DATA-Anweisung werden die Werte im Quellenprogramm definiert. Die NAMELIST-Anweisung dient überdies der Ausgabe von Zahlenwerten, wie bei der Eingabe wieder ohne zusätzliche Formatangabe.

8.1 Die NAMELIST-Anweisung

Mit der NAMELIST-Anweisung werden Werte eingelesen und ausgedruckt, ohne daß es einer zusätzlichen Formatanweisung bedarf. Das ist natürlich nur möglich, wenn Eingabe und Ausgabe in einer bestimmten standardisierten Form erfolgt.

Die allgemeine Form der NAMELIST-Anweisung ist

NAMELIST $/n_1/v_1, v_2, \ldots v_m/n_2/w_1, w_2, \ldots, w_r$

$n_1, n_2, \ldots$ sind Namen von Namenslisten

$v_1, \ldots, v_m, w_1, \ldots, w_r$ sind Namen von einfachen und indizierten Variablen und Feldern.

1. Der Name einer Namensliste besteht aus maximal 6 alphanumerischen Zeichen, wobei das erste Zeichen kein numerisches Zeichen sein darf.

2. Der Name einer Namensliste wird durch Schrägstriche eingeschlossen. Ihm folgt die Liste der Variablen und/oder Feldnamen, die der Namensliste zugeordnet sind und die mit einem Schrägstrich einer neuen Namensliste oder mit dem Ende der NAMELIST-Anweisung endet. Eine Variable oder ein Feld kann zu mehreren Namenslisten gehören.
3. Der Name einer Namensliste kann nur einmal definiert werden und so nur als Name der Namensliste verwandt werden.
   Ist ein Feld einer Namensliste zugeordnet, so kann die Dimension des Feldes in der Argumentenliste eines Unterprogramms oder als Variable im COMMON-Speicherblock übertragen werden. Ebenso kann die Variable einer Namensliste ein formales Argument sein[21]).

Beispiel:

```
DIMENSION M(30,20),F(10),Z(20)
NAMELIST /NANA/M,I,J/NANU/M(30,18),F, Z, B
```

Dateneingabe mit NAMELIST

Die Eingabe von Daten erfolgt dadurch, daß in einer READ-Anweisung statt der Formatanweisungsnummer der Name der Namensliste eingesetzt wird, deren Variablen und/oder Felder eingelesen werden sollen.

Beispiel:

```
. . .
READ(5,NANA)
. . .
READ(5,NANU)
. . .
```

Die Eingabedaten sind auf Datenkarten gelocht, wobei folgende Regeln zu beachten sind.

1. Das *erste* Zeichen jedes Aufzeichnungssatzes wird überlesen, d.h. ignoriert.
2. Der *erste* Aufzeichnungssatz der zu lesenden Datengruppe muß in der *zweiten* Zeichenposition (z.B. zweite Spalte einer Datenkarte) das Zeichen & aufweisen[22]).
3. Der erste Aufzeichnungssatz enthält ab der *dritten* Zeichenposition den Namen der Namensliste. Danach muß ein Blank gesetzt werden. Der letzte Aufzeichnungssatz muß als erste Zeichenposition ein Blank, als zweite Zeichenposition ein & und ab der *dritten* Zeichenposition den Namen END aufweisen.

---

[21]) Dazu wird in späteren Kapiteln noch Stellung genommen.

[22]) Bei CDC 6000 und UNIVAC 1107/08 ist das Zeichen $ gleichwertig.

4. Die Aufzeichnungssätze enthalten eine oder mehrere *mit einem Komma endende* Datenposten, die in folgender Form vorliegen können:

   a) einfache oder indizierte Variable = Konstante
   b) indizierte Variable oder Feld = Folge von Konstanten

Beispiel zu a)

Spalte 2

```
Z = 4.1,I = 4,
I(8,4) = 5,M(9) = 6,
```

Beispiel zu b)

Spalte 2

```
I(11) = 6,4,3,7,9,
K = 4,6,13*0,
A = 10*1.0,5*6.0,
```

I, K, und A sind eindimensionale Felder mit jeweils 15 Komponenten. Die Folge von Konstanten des ersten Datenpostens wird den Komponenten 11 bis 15 des Feldes I zugeordnet. Beim zweiten und dritten Datenposten werden den Feldern K und A jeweils 15 Werte zugeordnet, wobei von der erlaubten abkürzenden Schreibweise Gebrauch gemacht wird, daß eine Folge gleicher Konstanten als Produkt (*mit Multiplikationsstern*) von Wiederholungsfaktor und Konstante geschrieben wird: 0,0,0 → 3*0.

5. Konstanten können INTEGER, REAL, DOUBLE PRECISION, COMPLEX oder LOGICAL sein.

Beispiel für eine Verwendung der NAMELIST-Anweisung:

Spalte	2
1. Aufzeichnungssatz:	&NANA
2. Aufzeichnungssatz:	M(1,1) = 600*0,I = 10,
3. Aufzeichnungssatz:	J = 435,
4. Aufzeichnungssatz:	&END

Mit den Anweisungen

```
DIMENSION M(30,20)
NAMELIST/NANA/I,J,M
. . .
READ(5,NANA)
. . .
```

werden allen Komponenten der Matrix $M_{30,20}$ die Werte 0 zugewiesen, I erhält den Wert 10 und J den Wert 435. Es ist zu beachten, daß die Reihenfolge der Datenposten nicht mit der Reihenfolge der Variablen und/oder Felder in der Namensliste übereinstimmen muß.

Datenausgabe mit NAMELIST

Die Ausgabe von Daten erfolgt dadurch, daß in einer WRITE-Anweisung statt der Formatanweisungsnummer der Name der Namensliste eingesetzt wird, deren Variablen und/oder Felder geschrieben werden sollen.

Beispiel:

```
WRITE(6,NAME1)
. . .
WRITE(7,NAME1)
. . .
```

Mit der ersten WRITE-Anweisung wird auf der Systemeinheit Schnelldrukker gedruckt, mit der zweiten WRITE-Anweisung wird auf der Systemeinheit Kartenstanzer gestanzt.

1. Es werden alle Namen der Namensliste mit den zugehörigen Werten typenentsprechend ausgegeben. Ein Feld wird dabei spaltenweise geschrieben oder gestanzt.
2. Die Feldweiten werden dabei so bemessen, daß sie für die Daten groß genug sind.
3. Der Ausdruck bzw. das Ausstanzen beginnt immer mit Spalte 2, so daß die ausgegebenen Daten wieder mit einer entsprechenden Eingabeanweisung gelesen werden können.
4. REAL-Variablen bzw. erhöhtgenaue Variablen werden in der Form der E- bzw. der D-Spezifikation ausgegeben.

   Beispiel: Mit den Anweisungen

   ```
   DIMENSION X(2,2)
   NAMELIST /NAME1/X,FF,III
   . . .
   . . .
   WRITE(7,NAME1)
   . . .
   ```

   werden die Werte wie folgt ausgestanzt:

   ```
   Spalte            2
   1. Datenkarte:    &NAME1
   2. Datenkarte:          X = + 0.341260E 01,        + 1.346302E 02,
   3. Datenkarte:              − 1.458321E−03,        − 1.456308E−08,
   4. Datenkarte:         FF = + 4.123450E 00,  III =             14,
   5. Datenkarte:    &END
   ```

8.2 Die DATA-Anweisung

Mittels der DATA-Anweisung werden einfachen und indizierten Variablen sowie Feldern Werte zugewiesen und zwar beim Laden des Objektprogramms. Das geht wesentlich schneller und erfordert auch weniger Speicherplatz, als wenn wir Variablen mittels Ergibtanweisungen Werte zuweisen würden. Die DATA-Anweisung ist eine nicht ausführbare Anweisung und steht in der Regel *unmittelbar vor der ersten ausführbaren Anweisung des Programms*, d.h. alle anderen nicht ausführbare Anweisungen müssen *vor* der DATA-Anweisung stehen. Da die DATA-Anweisung keine Anweisung des Objektprogramms mehr darstellt, können mit ihr den Variablen und Feldern nur Anfangswerte zugewiesen werden, die im Verlaufe des Programms beliebig neu definiert werden können. Wir bezeichnen die DATA-Anweisung deshalb auch als Anfangswertzuweisung.

Die DATA-Anweisung hat die allgemeine Form

DATA $v_1, \ldots, v_n/d_1, \ldots, d_n/w_1, \ldots, w_m/e_1, \ldots, e_m/$

$v_1, \ldots, v_n, w_1, \ldots, w_m$	sind einfache und indizierte Variablen, Felder und implizite DO-Anweisungen.
$d_1, \ldots, d_n, e_1, \ldots, e_m$	sind die zuzuweisenden Konstantenlisten. Die Konstantenlisten sind durch Schrägstriche eingeschlossen. Eine Folge gleicher Konstanten kann als Produkt (mit Multiplikationsstern) von Wiederholungsfaktor und Konstanten geschrieben werden. Es sind *alle* Arten von Konstanten zugelassen. Auf strenge Typenentsprechung bei der Zuweisung ist zu achten, da sonst keine Zuweisung stattfindet.

Die Elemente der Variablen- und der Konstantenliste sind durch Kommata zu trennen.

Beispiel:

```
      DIMENSION A(10), B(5,5), Z(3)
      DATA I,F(A(I),I = 1,10),Z(1)/5,6.1,10*0.0,1.4E2/B,
    1 Z(2),Z(3)/25*1.0,3.14,4.96/
      . . .
```

Vor der Ausführung des Objektprogramms sind dann die Werte wie folgt zugeordnet:

I = 5	Z(1) = 1.4E2	B(1,1) = 1.0
F = 6.1	Z(2) = 3.14	B(2,1) = 1.0

```
A(1) = 0.0     Z(3) = 4.96      .
A(2) = 0.0                      .
  .     .                       .
  .     .                     B(5,1) = 1.0
  .     .                     B(1,2) = 1.0
A(10) = 0.0                     .
                                .
                                .
                              B(5,2) = 1.0
                                .
                                .
                                .
                              B(5,5) = 1.0
```

Da auch alphamerischer Text in der DATA-Anweisung verarbeitet werden kann, können auch in den Fällen, in denen keine Literalkonstanten definiert sind, beim variablen Format die Komponenten des Formatvektors definiert werden. Das Beispiel auf Seite 77 wird dann wie folgt programmiert:

```
      DIMENSION V(8), Z(6)
      DATA V(1),V(8),BLANK,FSPEC,ASPEC/3H(1X,1H),
    1 6H␣␣/␣␣␣␣, 5H,F6.1,3H,A6/
      . . .
      . . .
      DO 1 I = 1,6
      IF(Z(I)),3,2,3
    2 Z(I) = BLANK
      V(I + 1) = ASPEC
      GO TO 1
    3 V(I + 1) = FSPEC
    1 CONTINUE
      WRITE(6,V)Z
      STOP
      END
```

Prinzipiell können auch Zeichenketten verarbeitet werden:

```
      DIMENSION TEXT(3)
      DATA TEXT(1), TEXT(2)/12HUEBERSCHRIFT/
      . . .
```

Das Resultat ist

```
   TEXT(1)      UEBERS
   TEXT(2)      CHRIFT
```

Es ist jedoch zu empfehlen, diesbezüglich die Angaben in den Handbüchern der Hersteller zu beachten, die besonders im Falle der Zuweisung von Zeichenketten zu Feldnamen unterschiedliche Hinweise geben.

9. Kapitel. Prozeduren

Prozeduren werden in FORTRAN in den Fällen geschrieben, in denen bestimmte Berechnungen, Eingabe- oder Ausgabeoperationen mehrmals ausgeführt werden sollen, wobei aber jeweils andere Daten verarbeitet werden. Die Prozedur ermöglicht es, die Berechnung *formal zu definieren*, um dann beliebig oft darauf zurückzugreifen und die Berechnung mit *aktuellen* Werten durchzuführen. Ein Aufruf der Prozedur hat also die gleiche Wirkung, als wäre die betreffende Anweisungsfolge im Programm vorhanden.

FORTRAN kennt folgende organisatorische Anweisungen für Prozeduren:

1. Formelfunktionen,
2. FUNCTION-Unterprogramme,
3. SUBROUTINE-Unterprogramme,
4. INTRINSIC-Funktionen.

9.1 Die Formelfunktion

Formelfunktionen werden durch eine *einzige* Ergibtanweisung definiert. Sie stehen vor der ersten ausführbaren Anweisung eines Programms (nach eventuellen DATA-Anweisungen) und sie sind nur in diesem Programm aufrufbar.

Die allgemeine Form der Formelfunktion ist

Name $(p_1, p_2, \ldots, p_n) = e$

Name	ist der Name der Formelfunktion, es gelten die gleichen Regeln wie bei der Namensbildung von Variablen.
$p_1, p_2, \ldots, p_n$	sind einfache Variablen. Sie sind formale Parameter, mit denen der Ausdruck e definiert wird und bilden die Argumentenliste der Funktion.
e	ist ein arithmetischer oder logischer Ausdruck, der aus Konstanten, Namen von Variablen, Namen von FUNCTION-Unterprogrammen (mit Ausnahme desjenigen FUNCTION-Unterprogramms, in dem die Formelfunktion enthalten ist), Formelfunktionen (die aber dann *vorher* definiert sein müssen) und INTRINSIC-Funktionen gebildet wird. Variablen im Ausdruck, die nicht in der Argumentenliste stehen, müssen ebenfalls vorher definiert sein.

Die FORTRAN-Version von UNIVAC 1107/08 kennt noch zwei weitere Formen der Definition von Formelfunktionen:

1. DEFINE Namen = e
2. DEFINE Name $(p_1, p_2, \ldots, p_n) = e$

Beide Formen können gleichwertig zur obigen Definition verwendet werden.

Beispiel einer Formelfunktion:

```
FUNK(A, B, C) = 4.*A*C-B*B
```

Der Aufruf einer Formelfunktion erfolgt, wenn der Name der Funktion mit einer Argumentenliste in dem Ausdruck einer Ergibtanweisung auftritt. Die Argumentenliste enthält dann die aktuellen Parameter, mit denen die Berechnung, die die Formelfunktion definiert, ausgeführt wird. Dazu ist erforderlich, daß *Zahl, Reihenfolge und Typ* von Formal- und Aktualparameter sich entsprechen.

Es ist aber zu beachten, daß der Typ der Formelfunktion und der des Ausdrucks e sich nicht entsprechen müssen. Bei dem Aufruf der Formelfunktion wird der Typ des durch die aktuellen Parameter definierten Ausdrucks der Formelfunktion wie bei einer Ergibtanweisung[23]) zugeordnet.

Beispiel:

```
DIMENSION A(10)
DOUBLE PRECISION ARGU, X, Y, V, Q, Z
ARGU(X,Y) = X*1.0D-9+Y*1.0D-6
. . .
V = 6.243
Q = 0.435
. . .
Z = ARGU(V,Q)*3.14
```

Mit der letzten Anweisung wird Z der Wert

$$(6.243 \cdot 10^{-9} + 0.435 \cdot 10^{-6}) \cdot 3.14$$

zugewiesen.

Mit der Darstellung der Formelfunktion ist ein wesentliches Prinzp der Prozedurtechnik schon eingeführt worden:

> Eine Prozedur wird mit Hilfe von Formalparametern definiert.
> Bei ihrem Aufruf werden den Formalparametern die Werte von Aktualparametern zugeordnet.

Auf diesem Prinzip bauen alle Prozeduren auf.

Mit der Formelfunktion wird ein Wert ermittelt, der sich durch eine einzige Ergibtanweisung definieren läßt. Das ist zweifellos eine große Einschränkung. Das FUNCTION-Unterprogramm verschafft diesbezüglich Erleichterungen.

---

[23]) Bei logischen Ausdrücken sind bei einigen Rechenanlagen Beschränkungen zu beachten.

9.2 Das FUNCTION-Unterprogramm

Ein FUNCTION-Unterprogramm ist ein *selbständiges* Programm, das eine Berechnung oder eine Dateneingabe oder -ausgabe *mit mehr als einer Anweisung* definiert. Das FUNCTION-Unterprogramm wird unabhängig vom Hauptprogramm, das wir bislang allein behandelt haben, übersetzt. Es stellt ein geschlossenes Unterprogramm dar, das erst beim Binden in der Rechenanlage mit den anderen Programmeinheiten zu einem einzigen ausführbaren Objektprogramm zusammengebunden wird.

Ein FUNCTION-Unterprogramm kann auch in anderen Prozeduren aufgerufen werden, nicht aber in Formelfunktionen desselben FUNCTION-Unterprogramms. Es darf sich jedoch weder direkt noch indirekt selbst aufrufen[24]).

Die erste Anweisung des FUNCTION-Unterprogramms legt den Namen der FUNCTION fest. Die allgemeine Form dieser Anweisung ist

FUNCTION Name $(p_1, p_2, \ldots, p_n)$

Name	ist der Name des FUNCTION-Unterprogramms. Es gelten die gleichen Regeln wie bei der Namensbildung von Variablen.
$p_1, p_2, \ldots, p_n$	ist die Liste der Formalparameter, mit denen die Anweisungen des Unterprogramms definiert werden. Jedes FUNCTION-Unterprogramm muß mindestens einen Formalparameter enthalten. Jeder Formalparameter der Liste muß mindestens einmal in einer ausführbaren Anweisung des FUNCTION-Unterprogramms enthalten sein. Formalparameter können Namen von Variablen, Feldern und Prozeduren[25]) sein.

Die *letzte ausführbare* Anweisung des FUNCTION-Unterprogramms, die aber nicht notwendigerweise letzte Anweisung des Programms sein muß, heißt

RETURN

und bewirkt das logische Ende des Unterprogramms bzw. den Rücksprung in das rufende Programm.

Da das FUNCTION-Unterprogramm unabhängig von anderen Programmeinheiten übersetzt wird, muß die *letzte* Anweisung des Programms

END

heißen.

---

[24]) Verbot gilt nicht für BURROUGHS 7000/6000.

[25]) Die Angaben der FORTRAN-Versionen der Hersteller bezüglich der für formale Parameter erlaubten Prozeduren sind verschieden.

Der Name einer FUNCTION muß wenigstens einmal auf der linken Seite einer Ergibtanweisung stehen oder in einer Eingabeanweisung auftreten.

Mit diesen Regeln hat jedes FUNCTION-Unterprogramm die folgende allgemeine Form:

```
FUNCTION Name (p1, p2, ..., pn)
. . .
. . .
Name = . . .
. . .
RETURN
END
```

Der Typ der FUNCTION und der Formalparameter wird nach der FORTRAN-Konvention[26]) *oder* durch explizite Typenzuweisung bestimmt.

Beispiel:

```
DOUBLE PRECISION FUNCTION FKT(A, B, C)
DOUBLE PRECISION A, B, C
. . .
. . .
```

Eine *explizite* Typzuweisung für Formalparameter muß unmittelbar nach der FUNCTION-Anweisung erfolgen.

Ein FUNCTION-Unterprogramm darf bis auf SUBROUTINE-Anweisungen, BLOCK DATA-Anweisungen oder anderen FUNCTION-Anweisungen alle in FORTRAN gültigen Anweisungen enthalten.

Die Variablennamen des Unterprogramms sind nur dort definiert, d.h. sie gelten nur in dem betreffenden Unterprogramm und können deshalb im Hauptprogramm wieder verwandt werden.

Der Aufruf einer FUNCTION erfolgt, wenn der Name der FUNCTION mit einer aktuellen Argumentenliste im Ausdruck einer Ergibtanweisung eines rufenden Programms. also eines Hauptprogramms oder Unterprogramms erfolgt. Bei dem Aufruf werden die formalen Parameter durch die aktuellen Parameter ersetzt.

Aktuelle Parameter können sein:

1. Arithmetische und logische Ausdrücke,
2. Feldnamen,
3. Prozedurnamen[27]).

---

[26]) Durch den ersten Buchstaben des Namens.

[27]) Die Angaben der FORTRAN-Versionen der Hersteller bezüglich der für aktuelle Parameter erlaubten Prozedurnamen sind verschieden.

Damit die aktuellen Parameter den formalen Parametern beim Aufruf zugeordnet werden können, ist unbedingt auf entsprechende *Reihenfolge, Typ,* und *Anzahl* der Parameter zu achten.

Beim Aufruf des Unterprogramms werden die Adressen der Aktualparameter übertragen, damit mit den dort gespeicherten Werten die mit Formalparametern definierten Anweisungen des Unterprogramms ausgeführt werden können.

Nach Ausführung des Unterprogramms hat der Funktionsaufruf im rufenden Programm den Wert, der im Unterprogramm errechnet wurde.

Beispiel:

Hauptprogramm:

```
      DIMENSION X(10), Y(10)
      READ(5,1) X, Y
    1 FORMAT(10F8.2)
      VEKPRD = SKALPD(X, Y)
      WRITE(6,2) VEKPRD
    2 FORMAT(1H1/23H0DAS␣SKALARPRODUKT␣DER␣
    1 25HVEKTOREN␣X␣UND␣Y␣BETRAEGTF8.2)
      STOP
      END
```

Unterprogramm:

```
      FUNCTION SKALPD(A, B)
      DIMENSION A(10), B(10)
      SKALPD = 0.0
      DO 1 I = 1,10
    1 SKALPD = SKALPD + A(I)*B(I)
      RETURN
      END
```

Nach Eingabe der Vektoren wird im Hauptprogramm das Unterprogramm SKALPD aufgerufen, das das Skalarprodukt der beiden Vektoren berechnet. Wie ersichtlicht ist brauchen Formalparameter und Aktualparameter nicht identisch zu sein, sie müssen nur nach Reihenfolge, Typ und Anzahl übereinstimmen. Nach Rücksprung ins Hauptprogramm kann der Funktionswert ausgedruckt werden.

In Unterprogrammen ist eine *variable Dimensionierung* zulässig, z.B.

```
      DIMENSION A(N), B(N)
```

Allerdings muß der Wert N im Zeitpunkt der Ausführung des Programms über die Aktualparameterliste definiert worden sein. Der Anfang des obigen

Unterprogramms müßte dann bei variabler Dimensionierung wie folgt geschrieben werden:

```
FUNCTION SKALPD(A, B, N)
DIMENSION A(N), B(N)
. . .
```

Der Aufruf im rufenden Programm ist dann:

```
. . .
VEKPRD = SKALPD(X, Y, 10)
. . .
```

Merke: Eine variable Dimensionierung ist *nur* in FUNCTION- und SUBROUTINE-Unterprogrammen *nicht* im Hauptprogramm zulässig.

Einige Besonderheiten von FUNCTION-Unterprogrammen werden wir erst behandeln, wenn die SUBROUTINE-Unterprogramme dargestellt sind. Diese SUBROUTINE-Unterprogramme bieten die Möglichkeit, nicht nur einen einzigen Funktionswert zu übertragen, sondern beliebig viele. Das soll jetzt ausführlich erklärt werden.

9.3 Das SUBROUTINE-Unterprogramm

Ein SUBROUTINE-Unterprogramm ist bis auf eine wesentliche Ausnahme einem FUNCTION-Unterprogramm sehr ähnlich: Ein SUBROUTINE-Unterprogramm kann im Gegensatz zum FUNCTION-Unterprogramm *mehrere* Werte ins rufende Programm übertragen. Außerdem brauchen Werte *nicht* notwendigerweise ins rufende Programm zurückgegeben werden.

Daraus leiten sich die wenigen Regeln ab, in denen sich die beiden Unterprogrammformen unterscheiden.

Das SUBROUTINE-Unterprogramm wird vom rufenden Programm mit der Anweisung

CALL Name ($q_1, q_2, \ldots, q_n$)

aufgerufen.

Name	ist der Name der SUBROUTINE. Es gelten die gleichen Regeln wie bei der Namensbildung von Variablen. Ein SUBROUTINE-Name ist *nicht* von einem bestimmten *Typ*.
$q_1, q_2, \ldots, q_n$	sind die Aktualparameter des Aufrufs. Aktualparameter können Ausdrücke, Feldnamen, Prozedurnamen[28]) oder die Zeichen &n sein[29]).

---

[28]) Vgl. Fußnote 27).

[29]) Vgl. hierzu 9.3.1.

Der prinzipielle Aufbau eines SUBROUTINE-Unterprogramms ist:

```
SUBROUTINE Name (p1, p2, . . . , pn)
. . .
. . .
. . .
RETURN
END
```

$p_1, p_2, \ldots, p_n$ sind die Formalparameter, denen beim Aufruf der SUBROUTINE im Hauptprogramm die Aktualparameter zugeordnet werden. Formalparameter können Namen von Variablen, Feldern, Prozeduren[30]) und das Zeichen * sein. Wie bei dem FUNCTION-Unterprogramm ist auf entsprechende Reihenfolge, Typ und Anzahl der Parameter zu achten. Die Ergebnisse des SUBROUTINE-Unterprogramms werden mit den Parametern übertragen, d.h. die Formalparameter, die die Ergebnisse der Berechnungen des Unterprogramms darstellen, werden in der SUBROUTINE definiert, – sie stehen wenigstens einmal auf der linken Seite einer Ergibtanweisung, – und stehen nach der CALL-Anweisung dem rufenden Programm zur Verfügung. Ein SUBROUTINE-Unterprogramm kann auch in einem anderen Unterprogramm aufgerufen werden. Es darf sich jedoch weder direkt noch indirekt selbst aufrufen[31]). *Im übrigen gelten die gleichen Regeln, wie bei FUNCTION-Unterprogrammen.*

Beispiel:

In einem Hauptprogramm werden die Werte zweier Matrizen $A_{m,n}$ und $B_{n,1}$ eingelesen. Ein SUBROUTINE-Unterprogramm dient zur Multiplikation der beiden Matrizen. Die neue Matrix $C_{m,1}$ wird vom Hauptprogramm ausgedruckt.

Hauptprogramm:

```
      DIMENSION A(20,30), B(30,10), C(20,10)
      READ(5,1)((A(I,J),J = 1,30),I = 1,20),((B(I,J),J = 1,10),I = 1,30)
    1 FORMAT(10F8.0)
      CALL MATMUL(A, B, C, 20,30,10)
      WRITE(6,2)((C(I,J),J = 1,10), I = 1,20)
    2 FORMAT(1H1/(10F12.0)/)
      STOP
      END
```

---

30) Vgl. Fußnote 25).

31) Verbot gilt nicht für BURROUGHS 7000/6000.

Unterprogramm:

```
      SUBROUTINE MATMUL(D, E, F, M, N, L)
      DIMENSION D(M,N),E(N,L),F(M,L)
      DO 1 K = 1,L
      DO 1 I = 1,M
      F(I,K) = 0.0
      DO 1 J = 1,N
    1 F(I,K) = F(I,K)+D(I,J)*E(J,K)
      RETURN
      END
```

Gegeben sei folgendes Hauptprogramm:

```
      DIMENSION X(100)                                  }
      READ(5,10) (FELD(I),I = 1,100)                    } Eingabe
   10 FORMAT (10F8.2)                                   |
      BIG = X (1)                                       |
      SMALL = X (1)                                     |
      DO 1 I = 2,100                                    |
      IF(BIG−X(J))2,1,3                                 |
    2 BIG = X(I)                                        } Berechnung
      GO TO 1                                           |
    3 IF(SMALL−X(I)1,1,4                                |
    4 SMALL = X(I)                                      |
    1 CONTINUE                                          |
      WRITE(6,20) BIG, SMALL                            |
   20 FORMAT(1H1/14HODER␣GROESSTE␣                      |
     1 9HWERT␣IST␣F8.2/5H␣DER␣                          |
     2 18HKLEINSTE␣WERT␣IST␣F8.2)                       } Ausgabe
      STOP                                              |
      END                                               |
```

Das folgende Beispiel zeigt, daß praktisch alle wesentlichen Operationen eines Programms in SUBROUTINE-Unterprogrammen ausgelagert werden können. Das Programm liest einen Vektor ein und ermittelt den absolut größten und kleinsten Wert dieses Vektors:

Eingabe, Berechnung und Ausgabe seien wie folgt „subroutinisiert“:

```
      SUBROUTINE EINGAB(FELD,N)
      DIMENSION FELD(N)
      READ(5,1) (FELD(I), I = 1,N)
    1 FORMAT (10F8.2)
      RETURN
      END
```

```
      SUBROUTINE RECHEN(NN,VEKTOR,GROSS,AKLEIN)
      DIMENSION VEKTOR (NN)
      GROSS = VEKTOR (1)
      AKLEIN = VEKTOR(2)
      DO 1 I = 2,NN
      IF(GROSS–VEKTOR(J))2,1,3
      GROSS = VEKTOR(I)
    2 GO TO 1
      IF(AKLEIN–VEKTOR(I))1,1,4
    3 AKLEIN = VEKTOR(I)
    4 CONTINUE
    1 RETURN
      END
      SUBROUTINE AUSGAB (VIEL,WENIG)
      WRITE(6,1) VIEL,WENIG
    1 FORMAT(1H1/23HODER␣GROESSTE␣WERT␣IST␣
     1 F8.2/23H␣DER␣KLEINSTE␣WERT␣IST␣F8.2)
      RETURN
      END
```

Die drei SUBROUTINE-Unterprogramme sind jeweils mit verschiedenen Formalparametern definiert. Sie bewirken genau die Eingabe, Berechnung und Ausgabe des ursprünglichen Programms und können daher in nachstehendem Hauptprogramm herangezogen werden:

```
      DIMENSION X(100)
      CALL EINGAB(X,100)
      CALL RECHEN(100,X,BIG,SMALL)
      CALL AUSGAB(BIG,SMALL)
      STOP
      END
```

Beim Aufruf von EINGAB wird 100 als der maximale Wert des Wertebereichs von X ins Unterprogramm übergeben und wir lesen den Vektor X ein.

Beim Aufruf von RECHEN wird der Vektor X und der maximale Wert des Wertebereichs von X ins Unterprogramm übergeben und wir erhalten den größten Wert BIG und den kleinsten Wert SMALL.

Beim Aufruf von AUSGAB wird BIG und SMALL ins Unterprogramm übergeben und dort ausgedruckt.

Die Parameterübergabe *nach dem Namen* bedeutet, daß den Parametern im rufenden und im gerufenen Programm die *gleichen* Speicherplätze zugeordnet werden. Wenn Parameter *nach dem Wert* aufgerufen werden, so werden den Parametern des rufenden und des gerufenen Programms *verschiedene* Speicherplätze zugewiesen. Erst beim Rücksprung ins rufende Programm wird der Wert vom Speicherplatz des Unterprogramms zum Speicherplatz des rufenden Programms gebracht. Sollen Parameter nach dem Namen übertragen werden, so sind die entsprechenden Formalparameter des Unterprogramms in Schrägstriche (/) einzuschließen.

9.3.1 Berechneter Rücksprung

Die bisher eingeführte einfache Rücksprunganweisung erlaubte den Rücksprung nur an eine Stelle des rufenden Programms, und zwar bei FUNCTION-Unterprogrammen in die Anweisung, die den FUNCTION-Aufruf enthält und bei SUBROUTINE-Unterprogrammen in die Anweisung, die der CALL-Anweisung des rufenden Programms folgt. Ein berechneter Rücksprung ist bei SUBROUTINE-Unterprogrammen sinnvoll anwendbar. Die Anweisung lautet

```
RETURN k
```

Hierbei ist k ein Ausdruck. Die Anweisung erlaubt den Rücksprung zu beliebigen anderen Anweisungen des rufenden Programms, die eine Anweisungsnummer besitzen. Dazu wird das Zeichen * anstelle eines Formalparameters verwendet, der bei Aufruf des Unterprogramms von den in der Aktualparameterliste an entsprechender Stelle stehenden Zeichen &n ersetzt wird. In der Zeichenfolge &n ist n die Anweisungsnummer im rufenden Programm, zu der der Rücksprung erfolgen soll.

Erreicht das Unterprogramm bei der Ausführung die Rücksprunganweisung RETURN k, so erfolgt ein Rücksprung ins Hauptprogramm zu der Anweisungsnummer, die durch den *k-ten Aktualparameter von der Form &n* bestimmt ist.

Beispiel:

Rufendes Programm:

```
      . . .
      CALL XXX(A,B,&357,C,&408)
      . . .
357   . . .
      . . .
      . . .
408   . . .
```

Unterprogramm:

```
      SUBROUTINE XXX(C,D,*,F,*)
      . . .
    1 RETURN
      . . .
    2 RETURN 1
      . . .
    3 RETURN 2
      . . .
```

Wird die Anweisung RETURN erreicht, so erfolgt der Rücksprung zur Anweisung unmittelbar nach der CALL-Anweisung.
Wird die Anweisung RETURN 1 erreicht, so erfolgt der Rücksprung zur Anweisung 357 des rufenden Programms.
Wird die Anweisung RETURN 2 erreicht, so erfolgt der Rücksprung zur Anweisung 408 des rufenden Programms.

Einige FORTRAN-Versionen der Hersteller lassen noch weitere Zeichen zu. Bezüglich der Definition des berechneten Rücksprungs in der FORTRAN-Version von CDC sollte wegen der abweichenden Regelung das Handbuch des Herstellers herangezogen werden.

9.3.2 Die ENTRY*-Anweisung*

Der Einsprung in ein Unterprogramm erfolgt normalerweise zu der ersten ausführbaren Anweisung des FUNCTION- oder SUBROUTINE-Unterprogramms. Es ist aber auch möglich, an eine beliebige Stelle des Unterprogramms zu springen, die durch eine besondere Einsprunganweisung zu definieren ist. Das Unterprogramm wird dann mit der ersten ausführbaren Anweisung nach der Einsprunganweisung fortgesetzt. Die allgemeine Form der Einsprunganweisung ist

ENTRY Name ($p_1, p_2, \ldots, p_n$)

Name	ist der Name der Einsprunganweisung, es gelten die gleichen Regeln wie bei der Namensbildung von Variablen.
$p_1, p_2, \ldots, p_n$	sind Formalparameter. In dem Unterprogramm dürfen Formalparameter erst dann auftreten, wenn sie in der Einsprunganweisung aufgeführt worden sind. Die Formalparameter in einer Einsprunganweisung unterliegen den gleichen Bedingungen wie die Formalparameter in einer SUBROUTINE- oder FUNCTION-Anweisung.

Eine Einsprunganweisung in einem FUNCTION-Unterprogramm wird in einem rufenden Programm wie eine FUNCTION aufgerufen, nämlich durch Funktionsaufruf im Ausdruck einer Ergibtanweisung oder in einer Eingabe-Anweisung.

Eine Einsprunganweisung in einem SUBROUTINE-Unterprogramm wird in einem rufenden Programm wie eine SUBROUTINE aufgerufen, d.h. mit einer CALL-Anweisung.

Beim Aufruf der Einsprunganweisung werden die Formalparameter durch die Aktualparameter ersetzt. Formal- und Aktualparameter müssen daher nach Reihenfolge, Typ und Anzahl übereinstimmen. Die Formalparameter der Einsprunganweisung müssen aber nach Reihenfolge, Typ und Anzahl weder mit den Formalparametern der SUBROUTINE- oder FUNCTION-Anweisungen noch mit den Formalparametern anderer Einsprunganweisungen übereinstimmen.

Eine Einsprunganweisung ist eine nicht ausführbare Anweisung, sie beeinflußt daher den Programmablauf bei normalen Einsprung in das Unterprogramm nicht. Sie darf aber nicht im Wiederholungsbereich einer DO-Schleife stehen und darf auch keine Anweisungsnummer haben.

Beispiel:

Rufendes Programm:

```
      . . .
      CALL TEST (3.,4.,5.,10.,20.)
      . . .
    1 CALL TEST1(16.,T)
      Y = T * 2.
      GO TO 6
    2 CALL TEST2(32.,V)
      Y = V * 2.
    6 WRITE(6,3) Y
      . . .
      STOP
      END
```

Unterprogramm:

```
      SUBROUTINE TEST(A,B,C,X,Y)
      RETURN
      ENTRY TEST1(R,S)
      S = A * B + 18.3 - R + X
      GO TO 1
      ENTRY TEST2(F,S)
```

```
      S = B * C + 18.3 - F + Y
    1 RETURN
      END
```

Der Aufruf der SUBROUTINE TEST bewirkt allein die Übertragung der Aktualparameterwerte ins Unterprogramm. Bei Aufruf der Einsprunganweisung TEST1 wird deshalb der Wert Y = 48.6, bei Aufruf von TEST2 der Wert Y = 52.6 ausgedruckt.

Im nächsten Beispiel tritt die ENTRY-Anweisung in einem FUNCTION-Unterprogramm auf. Hierbei ist zu beachten, daß zwar der Aufruf über den *Namen der ENTRY-Anweisung* erfolgt, der ins rufende Programm übertragene Wert aber der dem *Namen der FUNCTION-Anweisung* zugewiesene letzte Wert ist. Als Beispiel wählen wir das auf Seite 91 beschriebene Programm, wobei nur die SUBROUTINE RECHEN durch eine FUNCTION VEKMAX mit dem Einsprungpunkt VEKMIN ersetzt ist.

Hauptprogramm:

```
      DIMENSION X(100)
      CALL EINGAB(100,X)
      BIG = VEKMAX(100,X)
      SMALL = VEKMIN(100,X)
      CALL AUSGAB(BIG,SMALL)
      STOP
      END
```

Unterprogramm:

```
      FUNCTION VEKMAX(NN,ARRAY)
      DIMENSION ARRAY(NN)
      K = 1
      GO TO 3
      ENTRY VEKMIN (NN,ARRAY)
      K = -1
    3 VEKMAY = ARRAY(1)
      DO 1 I = 2,NN
      IF((VEKMAX-ARRAY(I))*K)2,1,1
      VEKMAX = ARRAY(I)
    2 CONTINUE
    1 RETURN
      END
```

Die Subroutinen EINGAB und AUSGAB sind auf den Seiten 91 und 92 beschrieben.

Eine Formelanweisung, die, wie bereits ausgeführt wurde, vor der ersten ausführbaren Anweisung eines Programms stehen muß, darf nur dann einer

ENTRY-Anweisung unmittelbar folgen, wenn zwischen Unterprogrammanweisung (SUBROUTINE- oder FUNCTION-Anweisung) und ENTRY-Anweisung *keine* ausführbaren Anweisungen stehen.

Namen von ENTRY-Anweisungen dürfen wie Prozedurnamen als Aktualparameter verwendet werden. Der Name muß dann allerdings in einer EXTERNAL-Anweisung spezifiziert werden[32]).

9.4 INTRINSIC-Funktionen (Vordefinierte Funktionen)

Die bisherigen Prozeduren müssen in der Regel vom Programmierer selbst geschrieben werden. Eine Reihe von häufig benötigten mathematischen Funktionen wird von den unterschiedlichen FORTRAN-Compilerversionen dem Benutzer vordefiniert zur Verfügung gestellt. Er braucht sie in seinem Programm nicht mehr explizit zu erklären, sondern kann sie allein durch Aufruf aktivieren. Wir nennen diese Funktionen INTRINSIC-Funktionen. Bei Aufruf einer INTRINSIC-Funktion wird dabei entweder ein entsprechendes Unterprogramm (out of line) aktiviert oder es wird der Code für die gewünschte Berechnung an der betreffenden Stelle eingesetzt (in-line).

Eine Zusammenstellung der auf den betrachteten Rechenanlagen zur Verfügung stehenden INTRINSIC-Funktionen findet sich in der Tabelle 9.1.

Die Tabelle 9.1 listet INTRINSIC-Funktionen und ihre Bedeutung auf. Je nachdem, von welchem Typ Argument und Funktion sind, wird ein anderer Funktionsname verwandt. So liefert z.B.
INT(X) den *ganzzahligen* Teil einer *reellen* Zahl in *ganzzahliger* Darstellung
AINT(X) den *reellen* Teil einer *reellen* Zahl in *reeller* Darstellung.

Typ von Argument und Funktion sind im jeweiligen Fall der Tabelle zu entnehmen. Die Tabelle zeigt gleichzeitig auf welchen Rechenanlagen (+) die aufgelisteten Funktionen zur Verfügung stehen.

Die Abkürzungen in Tabelle 9.1 haben folgende Bedeutung:

R:	reell (real)
I:	ganzzahlig (integer)
C:	komplex (complex)
RD:	reell, erhöhtgenau
CD:	komplex, erhöhtgenau
R–R:	zwei reelle Argumente
I–I:	zwei ganzzahlige Argumente
RD–RD:	zwei erhöhtgenaue Argumente
(. . .):	mehr als ein Argument, beliebig viele

[32]) Die Spezifikation EXTERNAL wird in Kapitel 10 besprochen.

Tabelle 9.1: INTRINSIC-Funktionen

Funktion	Bedeutung	Typ Argument	Typ Resultat	BUR-ROUGHS	CDC	IBM	SIE-MENS	UNI-VAC
ABS	Absolutwert einer Zahl (Arg.)	R	R	+	+	+	+	+
IABS	Absolutwert einer Zahl (Arg.)	I	I	+	+	+	+	+
DABS	Absolutwert einer Zahl (Arg.)	RD	RD	+	+	+	+	+
CABS	Absolutwert einer Zahl (Arg.)	C	R	+	+	+	+	+
CDABS	Absolutwert einer Zahl (Arg.)	CD	RD	+		+	+	+
INT	Ganzzahliger Teil einer Zahl (Arg.)	R	I	+	+	+	+	+
AINT	Ganzzahliger Teil einer Zahl (Arg.)	R	R	+	+	+	+	+
DINT	Ganzzahliger Teil einer Zahl (Arg.)	RD	RD			+	+	+
IDINT	Ganzzahliger Teil einer Zahl (Arg.	RD	I	+	+	+	+	+
FLOAT	Konvertierung einer Zahl (Arg.)	I	R	+	+	+	+	+
DFLOAT	Konvertierung einer Zahl (Arg.)	I	RD	+		+	+	+
IFIX	Konvertierung einer Zahl (Arg.)	R	I	+	+	+	+	+
DBLE	Konvertierung einer Zahl (Arg.)	R	RD	+	+	+	+	+
CDBLE	Konvertierung einer Zahl (Arg.)	C	CD				+	
COMPLX	Konvertierung einer Zahl (Arg.)	R	C	+	+	+	+	+
DCMPLX	Konvertierung einer Zahl (Arg.)	RD	CD	+		+	+	+
SNGL	Konvertierung einer Zahl (Arg.)	RD	R	+	+	+	+	+
REAL	Realteil einer kompl. Zahl (Arg.)	C	R	+	+	+	+	+
DREAL	Realteil einer kompl. Zahl (Arg.)	CD	RD			+	+	+
AIMAG	Imaginärteil einer kompl. Zahl (Arg.)	C	R	+	+	+	+	+
DIMAG	Imaginärteil einer kompl. Zahl (Arg.)	CD	RD			+	+	+
CONJG	Konjugiert kompl. Zahl (Arg.)	C	C	+	+	+	+	+
DCONJG	Konjugiert kompl. Zahl (Arg.)	CD	CD	+		+	+	+

SIGN	Vorzeichenübertragung von 2. auf 1. Zahl (Arg.)	R-R	R	+	+	+	+	+
ISIGN	Vorzeichenübertragung von 2. auf 1. Zahl (Arg.)	I-I	I	+	+	+	+	+
DSIGN	Vorzeichenübertragung von 2. auf 1. Zahl (Arg.)	RD-RD	RD	+	+	+	+	+
DIM	Posit. Differenz zweier Zahlen (Arg.)	R-R	R	+	+	+	+	+
IDIM	Posit. Differenz zweier Zahlen (Arg.)	I-I	I	+	+	+	+	+
DDIM	Posit. Differenz zweier Zahlen (Arg.)	RD-RD	RD			+	+	+
MOD	Rest der Division der 1. durch 2. Zahl (Arg.)	I-I	I	+	+	+	+	+
AMOD	Rest der Division der 1. durch 2. Zahl (Arg.)	R-R	R	+	+	+	+	+
DMOD	Rest der Division der 1. durch 2. Zahl (Arg.)	RD-RD	RD	+	+	+	+	+
AMAX0	Größte Zahl (Arg.)	(I)	R	+	+	+	+	+
AMAX1	Größte Zahl (Arg.)	(R)	R	+	+	+	+	+
MAX0	Größte Zahl (Arg.)	(I)	I	+	+	+	+	+
MAX1	Größte Zahl (Arg.)	(R)	I	+	+	+	+	+
DMAX1	Größte Zahl (Arg.)	(RD)	RD	+	+	+	+	+
AMIN0	Kleinste Zahl (Arg.)	(I)	R	+	+	+	+	+
AMIN1	Kleinste Zahl (Arg.)	(R)	R	+	+	+	+	+
MIN0	Kleinste Zahl (Arg.)	(I)	I	+	+	+	+	+
MIN1	Kleinste Zahl (Arg.)	(R)	I	+	+	+	+	+
DMIN1	Kleinste Zahl (Arg.)	(RD,	RD	+	+	+	+	+

Tabelle 9.1: INTRINSIC-Funktionen (Fortsetzung)

Funktion	Bedeutung	Typ	BUR-ROUGHS	CDC	IBM	SIE-MENS	UNI-VAC
SIN	Sinus	R	+	+	+	+	+
DSIN	Sinus	RD	+	+	+	+	+
CSIN	Sinus	C	+	+	+	+	+
CDSIN	Sinus	CD	+		+	+	+
COS	Cosinus	R	+	+	+	+	+
DCOS	Cosinus	RD	+	+	+	+	+
CCOS	Cosinus	C	+	+	+	+	+
CDCOS	Cosinus	CD	+		+	+	
TAN	Tangens	R	+	+	+	+	+
DTAN	Tangens	RD	+		+	+	+
CTAN	Tangens	C					+
ASIN	Arcussinus	R		+	+	+	+
ARSIN	Arcussinus	R	+		+		+
DASIN	Arcussinus	RD					+
DARSIN	Arcussinus	RD	+		+	+	+
ACOS	Arcuscosinus	R		+	+	+	+
ARCOS	Arcuscosinus	R	+		+		+
DACOS	Arcuscosinus	RD				+	+
DARCOS	Arcuscosinus	RD	+		+		+
ATAN	Arcustangens	R	+	+	+	+	+
ATAN2	Arcustangens	R-R	+	+	+	+	+

DATAN	Arcustangens	RD	+	+	+	+	+
DATAN2	Arcustangens	RD-RD	+	+	+	+	+
SINH	Sinus hyperbolicus	R	+	+	+	+	+
DSINH	Sinus hyperbolicus	RD	+	+	+	+	+
CSINH	Sinus hyperbolicus	C					+
COSH	Cosinus hyperbolicus	R	+	+	+	+	+
DCOSH	Cosinus hyperbolicus	RD	+	+	+	+	+
CCOSH	Cosinus hyperbolicus	C					+
TANH	Tangens hyperbolicus	R	+	+	+	+	+
DTANH	Tangens hyperbolicus	RD	+	+	+	+	+
CTANH	Tangens hyperbolicus	C					+
EXP	Exponentiation z. Basis e	R	+	+	+	+	+
DEXP	Exponentiation z. Basis e	RD	+	+	+	+	+
CEXP	Exponentiation z. Basis e	C	+	+	+	+	+
CDEXP	Exponentiation z. Basis e	CD	+			+	+
ALOG	Logarithmus naturalis	R	+	+	+	+	+
DLOG	Logarithmus naturalis	RD	+	+	+	+	+
CLOG	Logarithmus naturalis	C	+	+	+	+	+
CDLOG	Logarithmus naturalis	CD	+		+	+	
ALOG10	Logarithmus, dekadischer	R	+	+	+	+	+
DLOG10	Logarithmus, dekadischer	RD	+	+	+	+	+
SQRT	Quadratwurzel	R	+	+	+	+	+
DSQRT	Quadratwurzel	RD	+	+	+	+	+
CSQRT	Quadratwurzel	C	+	+	+	+	+
CDSQRT	Quadratwurzel	CD	+		+	+	+
CBRT	Kubikwurzel	R					+
DCBRT	Kubikwurzel	RD					+
CCBRT	Kubikwurzel	C					+

Die Tabelle erhebt keinen Anspruch auf Vollständigkeit, da wir nur jene Funktionen berücksichtigt haben, die allgemein von den Herstellern angeboten werden. Es empfiehlt sich, diesbezüglich die Handbücher der Herstellerfirmen zu Rate zu ziehen.

Ein Beispiel für die Anwendung eingebauter und mathematischer Funktionen ist die Programmierung der folgenden Formel:

$$Z = \frac{3{,}14 + \sqrt{6{,}1 + \sin 4{,}1}}{e^{1{,}4} + \log 10\,|y|}$$

```
. . .
RADI = 6.1 + SIN(4.1)
ZAEHL = 3.14 + SQRT(RADI)
Y = ABS(Y)
XNENN = EXP(1.4) + ALOG10(Y)
Z = ZAEHL/XNENN
. . .
```

10. Kapitel. Spezifikationsanweisungen (Vereinbarungen)

Spezifikationsanweisungen sind nichtausführbare Anweisungen (Vereinbarungen), die den Typ von Variablen, Feldern und Prozeduren festlegen und Speicherplatzzuweisungen vereinbaren. Im Hinblick auf kurze Übersetzungszeiten sollten Spezifikationsanweisungen, die prinzipiell an beliebiger Stelle des Programms stehen können, vor eventuellen Formelfunktionen und den ausführbaren Anweisungen eines Programms stehen.

Einige dieser Spezifikationsanweisungen, wie

```
DIMENSION
DOUBLE PRECISION
COMPLEX
LOGICAL
```

haben wir schon kennengelernt. An dieser Stelle soll nun eine systematische Darstellung der FORTRAN-Spezifikationsanweisungen gebracht werden, deren Reihenfolge auch für die Verwendung in einem Programm gelten sollte.

10.1 Die Vereinbarung IMPLICIT

Die Vereinbarung IMPLICIT erfüllt zwei Aufgaben:

1. Sie legt den Typ von Variablen, Feldern und Prozeduren durch den ersten Buchstaben des Namens fest.
2. Sie legt die Speicherwortlänge von Variablen fest.

Die allgemeine Form der Vereinbarung ist:

IMPLICIT Typ$*$ 1($z_1, \ldots, z_n$), Typ$*$1 ($z_1, \ldots, z_n$)

Als Typ können auf allen Rechenanlagen mindestens vereinbart werden:

INTEGER für INTEGER-Variablen,
REAL für REAL-Variablen,
DOUBLE PRECISION für erhöhtgenaue Variablen,
COMPLEX für komplexe Variablen,
LOGICAL für logische Variablen.

$*$1 ist eine der zulässigen Längenangaben für den Typ der Variablen, in der Regel $*$2 und $*$4 für INTEGER-Variablen, $*$4 und $*$8 für REAL-Variablen, $*$8 für erhöhtgenaue Variablen, $*$8 und $*$16 für komplexe Variablen und $*$1 und $*$4 für logische Variablen. Eine Vereinbarung einer Speicherwortlänge von 8 Bytes definiert eine erhöhtgenaue Variable und ist gleichbedeutend mit der Spezifikation DOUBLE PRECISION. Die Angabe $*$1 ist überflüssig, wenn die Standardvereinbarung gewünscht wird.

$z_1, z_2, \ldots, z_n$ sind alphabetische Zeichen, durch Kommata getrennt, und/oder ein bestimmter Abschnitt des Buchstabenalphabetes, wobei erster und letzter Buchstabe des Abschnitts durch einen Bindestrich (Minuszeichen) getrennt sind. Die so in der Liste aufgeführten Buchstaben definieren als *erste* Buchstaben des Namens den Typ einer Variablen, eines Felds oder einer Prozedur.

Alle Variablen, Felder und Prozeduren, deren Namen mit einem in einer IMPLICIT-Vereinbarung definierten Buchstaben beginnen, sind damit vom gleichen Typ, sei es vom Typ INTEGER, REAL, DOUBLE PRECISION, LOGICAL oder COMPLEX. Eine eventuelle Vereinbarung über die Speicherwortlänge gilt ebenfalls für alle Variablen, die mit dem in der IMPLICIT-Anweisung definierten Buchstaben beginnen.

Beispiel:

```
IMPLICIT REAL (I,K,J), INTEGER (S–Z)
```

Nach dieser Vereinbarung sind alle Variablen, Felder und Prozeduren, die mit den Buchstaben I, J und K beginnen, vom reellen und die, welche mit den Buchstaben S–Z beginnen, vom ganzzahligen Typ. Variablen, die mit den Buchstaben L,M,N beginnen, sind weiterhin vom ganzzahligen Typ, d.h. die FORTRAN-Konvention wird nur in dem Umfang außer Kraft gesetzt, in dem durch die IMPLICIT-Vereinbarung Festlegungen getroffen werden. Da keine Wortlänge vereinbart wurde, gilt die Standardlänge.

Beispiel:

IMPLICIT INTEGER*2(A–R),REAL*8(S), COMPLEX(T–Z)

Die Vereinbarung legt für Variablen, die mit den Buchstaben A–R beginnen, den Typ INTEGER und die Wortlänge 2 Bytes fest. Die Variablen, die mit S beginnen, sind vom Typ DOUBLE PRECISION und die, welche mit den Buchstaben T–Z beginnen, sind vom Typ COMPLEX.

10.2 Die Vereinbarung EXTERNAL

Wird der Name eines Unterprogramms in einer Programmeinheit[33]) nur in der Aktualparameterliste eines anderen Unterprogrammaufrufs genannt, so muß der Name des in der Aktualparameterliste aufgeführten Unterprogramms mit

EXTERNAL Name

vereinbart werden.

Ein direkter Aufruf des Unterprogramms irgendwo in der Programmeinheit erübrigt eine Vereinbarung mit EXTERNAL.

Beispiel:

Rufendes Programm:

```
. . .
EXTERNAL XXX
. . .
CALL Y(A,XXX,B)
. . .
```

Unterprogramm:

```
SUBROUTINE Y(U,V,W)
. . .
Z = V(U,W)
. . .
```

Beispiel:

Rufendes Programm:

```
. . .
. . .
CALL Y(A,XXX(F,G),B)
. . .
```

---

[33]) Als Programmeinheit bezeichnen wir Programmarten, die unabhängig voneinander übersetzt werden.

Hier erübrigt sich die EXTERNAL-Vereinbarung, da die FUNCTION XXX(F,G) direkt aufgerufen wird und nur der mit dem Aufruf ermittelte Wert als Aktualparameter ins Unterprogramm übertragen wird.

10.3 Explizite Typvereinbarung

Mit den expliziten Typvereinbarungen wird der Typ einer Variablen, eines Feldes oder einer Prozedur mit dem Namen festgelegt. Diese dritte Art der Typzuweisung unterscheidet sich also von der FORTRAN-Konvention und der Vereinbarung IMPLICIT dadurch, daß nicht mehr der erste Buchstabe des Namens den Typ bestimmt.

Explizite Typvereinbarungen sind

INTEGER REAL DOUBLE PRECISION COMPLEX LOGICAL

Beispiel:

```
INTEGER XX, RATE, ZEIT
REAL MARGE, INKA
COMPLEX ZZ
LOGICAL ART
```

Eine explizite Typvereinbarung übersteuert die Namensregel der FORTRAN-Konvention und die Vereinbarung IMPLICIT

Beispiel:

```
IMPLICIT INTEGER (A–G)
REAL EI, FALL, ILSE
DIMENSION FALL(100)
```

Alle Variablen, die mit den Buchstaben A–G und I,J,K,L,M,N beginnen, sind INTEGER, außer den Variablen EI und ILSE und dem Feld FALL. Für andere Variablen, die mit A–G beginnen, gilt also weiterhin die Vereinbarung IMPLICIT.

Die explizite Typzuweisung kann auch zur Dimensionierung von Feldern verwandt werden. In diesem Falle ist die Angabe über die Größe des Feldes in die Typvereinbarung mit aufzunehmen. Die DIMENSION-Vereinbarung fällt dann anschließend weg.

Beispiel:

```
REAL KALL(100), M(10,30)
INTEGER FELD(5,4)
```

Die explizite Typzuweisung kann auch zur Anfangswertzuweisung verwandt werden. Die Anfangswerte werden wie in einer DATA-Anweisung zugewiesen.

Beispiel:

```
INTEGER A,B(20),C(4,3)/4.7,20*0.0,12*1.1/
COMPLEX F/(8.3,4.7)/
```

Bei den meisten Rechenanlagen können die Längen der zu speichernden Variablen in der expliziten Typzuweisung spezifiziert werden. Die gewünschte Länge wird durch ein *1 hinter der Typvereinbarung angegeben. Zu den zulässigen Längenangaben siehe 10.1.

Beispiel:

```
REAL*8 A,B,C.
INTEGER*2 F,P,M(100)/100*0/
COMPLEX*16 COMP /(3.7,4.8)/,RA
```

Die erste Vereinbarung weist den Variablen A,B und C jeweils 8 Bytes zu, d.h. sie sind als erhöhtgenaue Variablen zu betrachten. Dieser Vereinbarung ist die Vereinbarung DOUBLE PRECISION gleichwertig. Die zweite Vereinbarung weist den Variablen F und P und dem Feld M jeweils zwei Bytes pro Variable und Feldkomponente zu. Gleichzeitig werden dem Feld M 100 Werte zugewiesen.

Die dritte Vereinbarung definiert erhöhtgenaue, komplexe Variablen COMP und RA, wobei der ersteren ein Anfangswert zugewiesen wird.

Die Längenangabe hinter der expliziten Typvereinbarung gilt für alle Variablen der Vereinbarung, es sei denn, sie wird durch eine neue Längenangabe hinter der entsprechenden Variablen für diese außer Kraft gesetzt.

Beispiel:

```
REAL*8 A,B,C*4,D
```

A,B und D werden je 8 Bytes, C werden 4 Bytes zugewiesen.

Nach den Vereinbarungen über den Typ von Variablen, Feldern und Prozeduren stehen im Programm die Vereinbarungen über die Aufteilung und Zuordnung von Speicherbereichen. Eine dieser Vereinbarungen, nämlich die DIMENSION-Vereinbarung haben wir schon kennengelernt. Es erübrigt sich daher, sie hier darzustellen. Neben der Feldvereinbarung kann in FORTRAN noch über Speicherblockvereinbarungen verfügt werden, die im folgenden darzustellen sind.

10.4 Die COMMON-Vereinbarung

Die COMMON-Vereinbarung ordnet Variablen und Feldern ***verschiedener*** Programmeinheiten die ***gleichen*** Speicherplätze zu. Normalerweise werden die Variablen und Felder jedes Haupt- und Unterprogramms getrennt gespeichert. Die Werte von Variablen stehen dann nur in der Programmeinheit zur Verfügung, in der sie definiert wurde, es sei denn, sie werden über die Parameterliste eines Unterprogrammaufrufs übertragen. Neben diesen programmgebundenen Speicherbereichen gibt es nun einen weiteren Speicherbereich, der beliebig vielen Programmeinheiten gemeinsam zur Verfügung steht, den COMMON-Speicher. Variablen und Felder, die im COMMON-Speicher gespeichert werden sollen, um sie ohne Übertragung durch eine Parameterliste in mehreren Programmeinheiten verarbeiten zu können, sind in einer COMMON-Vereinbarung aufzuführen.

Die einfachste Form dieser Vereinbarung ist

COMMON $v_1, v_2, \ldots, v_n$

$v_1, v_2, \ldots, v_n$ sind Namen von Variablen und/oder Feldern, die die Länge der COMMON-Liste bestimmen.

Die Länge der COMMON-Liste wird durch die Zahl der Speicherplätze bestimmt, die in einer Programmeinheit den in der COMMON-Vereinbarung aufgeführten Variablen und Feldern zugewiesen sind. Um Variablen und Feldern aus verschiedenen Programmeinheiten die gleichen Speicherplätze zuzuweisen, muß in jeder Programmeinheit eine COMMON-Vereinbarung aufgeführt werden. Die Zuordnung von Variablen und Feldern zu gleichen Speicherplätzen findet nun derart statt, daß die Variablen und Felder der verschiedenen COMMON-Vereinbarungen ***gemäß ihrer Stellung in der COMMON-Liste*** die gleichen Speicherplätze erhalten. Das geschieht dadurch, daß die Elemente einer COMMON-Liste dem COMMON-Speicherbereich entsprechend ihrer Aufstellung zugeordnet werden.

Beispiel:

Rufendes Programm:

```
      COMMON A,B,C
      . . .
      CALL MATMUL(F,G)
      . . .
```

Unterprogramm:

```
SUBROUTINE MATMUL(X,Y)
COMMON U,V,W
. . .
```

Die gleichen Speicherplätze erhalten in diesem Beispiel

A und U, B und V, C und W.

Welche Auswirkungen die Zuweisungen gleicher Speicherplätze für Variablen verschiedener Programmeinheiten haben, zeigt schon folgendes Beispiel.

Hauptprogramm:

```
COMMON ALFA,C,D
DATA ALFA,C/2.0.3.0/
. . .
CALL FOX(V)
. . .
WRITE(6,1) D
. . .
```

Unterprogramm:

```
SUBROUTINE FOX(Y)
COMMON RG,XX,T
T = RG*XX
. . .
RETURN
END
```

Welcher Wert wird für D im Hauptprogramm ausgedruckt? Nachdem ALFA im Hauptprogramm den Wert 2.0 und C den Wert 3.0 erhalten hat, haben auch die Variablen RG und XX im Unterprogramm die Werte 2.0 und 3.0, da ihnen über die COMMON-Vereinbarung die gleichen Speicherplätze wie ALFA und C zugewiesen wurden. Im Unterprogramm wird nach Aufruf u.a. der Wert für T gleich 6.0 errechnet. Damit hat aber auch wieder die Variable D im Hauptprogramm den Wert 6.0, der dann ausgedruckt wird.

Sollen Feldern in verschiedenen Programmeinheiten mit einer COMMON-Vereinbarung die gleichen Speicherplatzbereiche zugewiesen werden, so kann die Feldlänge entweder mit einer DIMENSION-Vereinbarung festgelegt werden oder sie kann in der COMMON-Vereinbarung dimensioniert werden.

Beispielsweise ist

```
DIMENSION M(10,30),X(100)
COMMON M,X
```

gleichwertig zu

```
COMMON M(10,30),X(100)
```

Die Zuweisung der gleichen Speicherplätze an Variablen und Felder verschiedener Programmeinheiten ermöglicht gleichzeitig die Übertragung von Werten einer Programmeinheit in eine andere. Sind die Aktual- und Formalparameter eines Unterprogrammaufrufs in einer COMMON-Liste enthalten, so erfolgt die Wertübertragung vermittels COMMON-Vereinbarung und die Formal- und Aktualparameterlisten können entfallen.

Beispiel:

Hauptprogramm:

```
INTEGER A/3/,B,C
COMMON A,B,C(10,10)
. . .
CALL TEST
D = C(1,1)*3.5
WRITE (6,1) D
. . .
```

Unterprogramm:

```
SUBROUTINE TEST
INTEGER X,Y,Z(10,10)
COMMON X,Y,Z
. . .
Z(1,1) = 4*Z
. . .
RETURN
END
```

Frage: Welcher Wert wird für D ausgedruckt?

Lösung: 42.0

Umfangreiche Programmierprobleme erfordern häufig eine größere Zahl von Variablen, die in mehreren COMMON-Vereinbarungen aufgeführt werden müssen.

Eine Schreibweise mit mehreren COMMON-Vereinbarungen ist daher einer einzigen COMMON-Vereinbarung gleichwertig, die die Variablen und Felder in der gleichen Folge aufführt.

So ist

```
COMMON A,B,C
COMMON D,E,F
```

gleichwertig zu

```
COMMON A,B,C,D,E,F
```

Da die COMMON-Listen teilweise recht lang werden können und die Übersichtlichkeit verloren gehen kann, ist es sinnvoll mit COMMON-Blöcken zu arbeiten, die im folgenden dargestellt werden.

Benannte und unbenannte COMMON-Blöcke

Bei sehr langen COMMON-Listen benötigt man in einem Unterprogramm häufig nur einen Teil der in der Liste aufgeführten Variablen, während der Rest in anderen Unterprogrammen definiert wird. Mittels Definition eines benannten COMMON-Blocks ist es in FORTRAN nun möglich, nur eine Teilmenge der Variablen der COMMON-Liste in einem Unterprogramm aufzuführen, da die benannten COMMON-Blöcke getrennt gespeichert werden. Der Name des benannten COMMON-Blocks geht in Schrägstriche (/) eingeschlossen einer Liste von Variablen und/oder Feldern voraus.
Beispiel:

```
COMMON /NAM1/R,S,X(10),V/NAM2/A,B
```

NAM1 und NAM2 sind hier Namen von benannten COMMON-Blöcken. Die Regeln zur Bildung des Namens von COMMON-Blöcken entsprechen denen der Bildung von Variablen. Der Name eines COMMON-Blocks darf nicht gleichzeitig Name einer Variablen, eines Feldes oder einer Prozedur sein.

Werden in obigem Beispiel nur die Werte der Variablen R,S und des Feldes X(10) im Unterprogramm UP1 benötigt und sollen im Unterprogramm UP2 die Werte der Variablen A und B herangezogen werden, so sind folgende COMMON-Vereinbarungen ausreichend:

```
SUBROUTINE UP1
COMMON /NAM1/U,T,Z(10),V
. . .
SUBROUTINE UP2
COMMON /NAM2/C,D
. . .
```

Variablen- und Feldnamen in COMMON-Blöcken können in den einzelnen Programmeinheiten natürlich verschieden sein. Die Namen der COMMON-Blöcke *müssen* aber *übereinstimmen.*

COMMON-Vereinbarungen sind kumulativ, d.h. treten mehrere COMMON-Vereinbarungen in einer Programmeinheit auf, so kann man auch eine einzige COMMON-Vereinbarung schreiben.

So ist

```
COMMON /A/X1,X2/B/Y1,Y2
COMMON /B/Y3,Y4/Y/X3,X4
```

gleichwertig zu

COMMON /A/X1,X2,X3,X4/B/Y1,Y2,Y3,Y4

In einer COMMON-Vereinbarung können sowohl benannte als auch unbenannte COMMON-Blöcke aufgeführt werden. Ein unbenannter COMMON-block wird am Anfang der COMMON-Liste durch Weglassung des Blocknamens und sonst durch *zwei* voranstehende Schrägstriche definiert.

Beispiel:

COMMON R,S,T/XX/I,RATE//U,K,L

Variablen des unbenannten COMMON-Blocks sind R,S,T,U,K,L
Variablen des benannten COMMON-Blocks sind I,RATE

10.5 Die EQUIVALENCE-Vereinbarung

Während man mit der COMMON-Vereinbarung Variablen *verschiedener* Programmeinheiten die gleichen Speicherplätze zuweist, werden mit der EQUIVALENCE-Vereinbarung verschiedenen Variablen *einer* Programmeinheit die gleichen Speicherplätze zugewiesen. Dadurch kann man z.B. Variablen in einem späteren Programmteil die Speicherplätze von nicht mehr benötigten Variablen eines früheren Programmabschnitts zuweisen, um Speicherplätze einzusparen. Gleichzeitig kann ein Speicherteilbereich und Teile dieses Speicherbereichs unter verschiedenen Namen aufgerufen werden, wie eines der folgenden Beispiele zeigt:

Die allgemeine Form der EQUIVALENCE-Vereinbarung ist

EQUIVALENCE $(v_1, v_2, \ldots, v_n), (w_1, w_2, \ldots, w_m)$

$v_1, v_2, \ldots, v_n$ und $w_1, w_2, \ldots, w_m$ sind nichtindizierte oder mit Konstanten indizierte Variablen. Die in Klammern eingeschlossenen Variablen werden dabei dem gleichen Speicherplatz zugewiesen. Ganzzahlige Konstanten, die in Klammern hinter den Variablen stehen, sind grundsätzlich Indices und keine maximalen Werte von Wertebereichen.

Beispiel:

EQUIVALENCE (X,Y(1),Z),(M,R,J(6))

Hier wird den Variablen X und Z und der indizierten Variablen Y(1) der gleiche Speicherplatz zugewiesen. Außerdem wird den Variablen M und R und der indizierten Variablen J(6) der gleiche Speicherplatz zugewiesen. Das Beispiel zeigt auch, daß die Variablen einer Liste nicht vom gleichen Typ zu sein brauchen, da die EQUIVALENCE-Vereinbarung nur die Adressen der Variablen beeinflußt. Bei der EQUIVALENCE-Vereinbarung von Variablen verschiedenen Typs ist allerdings darauf zu achten, daß die Speicherwortlänge je nach Typ verschieden sein kann.

Die EQUIVALENCE-Vereinbarung ist transitiv, d.h. die Zuordnung einzelner indizierter Variablen wirkt auf alle anderen Variablen des gleichen Feldes.

Beispiel:

```
DIMENSION A(10),B(3,4)
EQUIVALENCE(A6),B(1,2)
```

Die Vereinbarung bewirkt nicht nur die Zuordnung von A(6) und B(1,2) zu einem Speicherplatz, sondern auch die der Variablen A(3) und B (1,1) bis A(10) und B(2,3), wie die nachfolgende Darstellung zeigt.

```
A(1)
A(2)
A(3)  ---------- B(1,1)
A(4)  ---------- B(2,1)
A(5)  ---------- B(3,1)
A(6)  ---------- B(1,2)
A(7)  ---------- B(2,2)
A(8)  ---------- B(3,2)
A(9)  ---------- B(1,3)
A(10) ---------- B(2,3)
                 B(3,3)
                 B(1,4)
                 B(2,4)
                 B(3,4)
```

Die Transitivität der EQUIVALENCE-Vereinbarung wirkt also in beide Richtungen. Bei der Schreibweise der Indizes ist darauf zu achten, daß Widersprüche vermieden werden.

Eine Schreibweise ohne Indices wird interpretiert als der erste Index des jeweiligen Feldes.

Beispiel:

```
DIMENSION A(10), B(10,10)
EQUIVALENCE (A,B)
```

ist gleichbedeutend zu

```
DIMENSION A(10), B(10,10)
EQUIVALENCE (A(1),B(1,1)
```

Variablen in einer EQUIVALENCE-Vereinbarung dürfen nicht gleichzeitig in einer COMMON-Liste einer Programmeinheit stehen, da ihnen dort ja verschiedene Speicherplätze zugewiesen werden. Allerdings kann man Variablen, die nicht in einer COMMON-Liste stehen, mit Variablen, die COMMON vereinbart sind, mittels einer EQUIVALENCE-Vereinbarung verknüpfen. Nur ist dann darauf zu achten, daß aufgrund der Transitivität der EQUIVALENCE-Vereinbarung die Länge des COMMON-Blocks *nicht nach links* vergrößert wird. Eine Vergrößerung *nach rechts* ist dagegen erlaubt.

Beispiel:

```
      DIMENSION B(5)
      COMMON C(5)
      EQUIVALENCE (C(1),B(3))
              C(1)  C(2)  C(3)  C(4)  C(5)
  B(1)  B(2)  B(3)  B(4)  B(5)
```

Diese Vereinbarungen sind *nicht* erlaubt, da sie den COMMON-Block nach links erweitern. Man kann, wie bereits oben schon erwähnt, die EQUIVALENCE-Vereinbarung dazu verwenden, die gleichen Speicherinhalte mit verschiedenen Namen zu bezeichnen.

Beispiel:

Auf Datenkarten seien in den Spalten 1–20 der Zuname und in den Spalten 21–30 der Vorname einer Personalkartei gelocht. Folgendes Programm liest die Daten ein.

```
      DIMENSION NAME(30), ZUNAME(20), VORNAM(10)
      EQUIVALENCE (NAME(1), ZUNAME(1)), (NAME(21),
    1 VORNAM(1))
      READ(5,1) NAME
    1 FORMAT(30A1)
```

Durch die EQUIVALENCE-Vereinbarung steht jetzt sowohl das ganze Feld NAME als auch die Unterfelder ZUNAME und VORNAM zur Auswertung zur Verfügung.

10.6 Die BLOCK DATA-Vereinbarung

Die BLOCK DATA-Vereinbarung ist die erste nicht ausführbare Anweisung einer besonderen Art von Unterprogramm, das sich im wesentlichen nur aus Vereinbarungen zusammensetzt.

Das BLOCK DATA-Unterprogramm dient zur Typvereinbarung von Variablen und Feldern in COMMON-Blöcken und zur Anfangswertzuweisung. Ein BLOCK DATA-Unterprogramm beginnt mit der Vereinbarung BLOCK DATA und endet mit der Vereinbarung END.

Erlaubte Vereinbarungen eines BLOCK DATA-Unterprogramms sind

INTEGER
REAL
DOUBLE PRECISION

```
COMPLEX
LOGICAL
DIMENSION
COMMON
```

Beispiel:

```
      BLOCK DATA
      INTEGER ART(10)
      REAL INKA (10,10)
      LOGICAL MORT
      DIMENSION A(20), B(30)
      COMMON MORT,ART,INKA,A,B
      DATA ART/10*1/,INKA/100*0.0/,MORT/.TRUE./
      DATA A,B/50*0.0/
      END
```

11. Kapitel. Übungen

1. Schreiben Sie eine Formelfunktion, die einen beliebigen Zahlenwert (Z) im Speicher auf eine bestimmte Zahl von Nachkommastellen (N) rundet, wobei die Aufrundung von einem beliebig vorgegebenen Stellenwert (S) an erfolgen soll.
2. Schreiben Sie die Formelfunktion, die den Wert der endlichen Summe einer geometrischen Reihe berechnet. Formel:

$$s = a \cdot \frac{q^n - 1}{q - 1} \quad \text{für } q \neq 1$$

3. Schreiben Sie eine SUBROUTINE, die die Komponenten eines Zahlenvektors in aufsteigender Reihenfolge sortiert.
4. Eine Unternehmung verfügt über eine alphabetisch nicht sortierte Liste von Mitarbeitern. Schreiben Sie eine SUBROUTINE, die die zeilenweise in eine Matrix eingegebenen Mitarbeiternamen alphabetisch sortiert. Die Sortierungen sollen auf der Basis der internen Codierung der Zeichen vorgenommen werden, die den Buchstaben in alphabetischer Reihenfolge jeweils höhere Werte zuweist.
5. Es ist üblich, ausgedruckte Geldbeträge auf Abrechnungen und Anweisungen durch eine Zahl von Sternen (*), die den Geldbetrag unmittelbar vorangesetzt werden, vor Fälschungen zu schützen. Schreiben Sie eine SUBROUTINE, die in Abhängigkeit vom Geldbetrag unterschiedliche Zahlen von Sternen ausdruckt, um damit ein Feld von 10 Spalten auszufüllen. Die Aufgabe ist mittels variablem Format zu lösen.

6. Schreiben Sie ein Programm zur Berechnung der Wahrscheinlichkeitsdichte W(M, x) und der kumulativen Verteilungsfunktion F(M,x) der Poissonverteilung für den Mittelwert 1,5, wobei W(1,5, x) nicht kleiner als eine selbst zu wählende Schranke EPS werden soll.
   Lit.: Lothar Sachs, Statistische Auswertungsmethoden, Berlin 1969.
7. Schreiben Sie SUBROUTINE zur Berechnung des Spearmanschen Rangkorrelations-Koeffizienten. Dazu ist eine SUBROUTINE RANG zu programmieren, die die Rangfolge der Werte der Vektorenkomponenten und Zahl und Art eventueller Bedingungen ermittelt. Mittels der Ergebnisse der SUBROUTINTE RANG ist dann in einer weiteren SUBROUTINE der Rangkorrelationskoeffizient RS zu ermitteln.
   Lit.: Lothar Sachs, Statistische Auswertungsmethoden, Berlin 1969
8. Schreiben Sie eine SUBROUTINE zur Anwendung des Mann-Whitney-U-Tests. Es sollten die Prüfgrößen der Rangzahlen der Stichproben ermittelt werden. Dabei ist die SUBROUTINE RANG der Übung 7 heranzuziehen, die auch etwaige Bindungen berücksichtigt.
   Lit.: Lothar Sachs, Statistische Auswertungsmethoden, Berlin 1969.

12. Kapitel. Lösungen zu den Übungen*

Übung 1:

```
RUND(Z,N,S) = AINT(Z*10.**N + 1.-S)/10.**N
```

Z ist die zu rundende Zahl
N ist die Zahl der Nachkommastellen, auf die gerundet werden soll
S ist der Stellenwert, von dem an aufzurunden ist.

Beispiel:

RUND (365.4378,3,0.7) liefert 365.438

Übung 2:

```
SUMPRO(A,Q,N) = A * (Q ** N-1.)/(Q-1.)
```

A,Q,N entsprechen den Werten, a, q, n in der gegebenen Formel

Übung 3:

```
SUBROUTINE SORT(X,N)
DIMENSION X(N)
DO 1 J = 2,N
```

*) Die Lösungen stellen Vorschläge dar, bei deren Konzeption mehr auf leichte Lesbarkeit als auf effizientes Programmieren Wert gelegt wurde. Der Studierende sollte sich an effizienteren Programmstrukturen versuchen.

```
      JM1 = J-1
      DO 2 I = JM1,1,-1
      IF(X(I).LE.X(I + 1)) GO TO 1
      TEMP = X(I)
      X(I) = X(I + 1)
    2 X(I + 1) = TEMP
    1 CONTINUE
      RETURN
      END
```

X ist der sortierende Vektor, der sortiert ins rufende Programm übergeben wird.

N ist die Zahl der Komponenten des Vektors X

Übung 4:

```
        SUBROUTINE SORTAL (NAME, LAENGE, N)
        DIMENSION NAME (N, LAENGE)
        K = 1
  100   K = K + 1
        IF (K.EQ.N + 1) RETURN
  200   DO 1 J = 1, LAENGE
        IF (NAME (K-1,J) – NAME (K,J)) 100,1,300
    1   CONTINUE
  300   DO 2 L = 1, LAENGE
        MERK = NAME (K,L)
        NAME (K,L) = NAME (K-1,L)
    2   NAME (K-1,L) = MERK
        K = K-1
        IF (K-1) 200,100,200
        END
```

NAME ist eine Matrix, deren Zeilen die alphabetisch zu sortierenden Zeichen enthalten

LAENGE Spaltenzahl der Matrix (Laenge der zu sortierenden Zeichenkette)

N Zeilenzahl der Matrix (Zahl der zu sortierenden Zeichenketten)

Übung 5:

```
        SUBROUTINE APROT(PZ,V)
        DIMENSION V(7), VV(9), Y(7)
        DATA Y /28H(5X                F       10.2) /
        DATA VV /36H  1   2   3   4   5   6   7
      1 8    9/
```

```
      DATA STERN1,STERN2 /4H(1H*,4H), /
      D030K = 1.7
   30 V(K) = Y(K)
      DO 10 K = 1,7
      IF(PZ.GE.10**(K-1)) GO TO 10
      MMM = 8-K
      V(2) = VV(MMM)
      V(3) = STERN1
      V(4) = STERN2
      NNN = K + 2
      V(6) = VV(NNN)
      GO TO 20
   10 CONTINUE
   20 RETURN
      END
```

Die SUBROUTINE APROT ermittelt den Formatvektor V, mit dem die Zahl PZ in einem Druckfeld von 10 Spalten mit führenden Sternen ausgedruckt ist.

```
****785.42
**74582.13
******7.85
**75421.56
*******.78
```

Übung 6:

```
C     PROGRAMM ZUR ERRECHNUNG DER POISSONVERTEILUNG.
C     ERRECHNUNG BIS ZU W (M,X)KLEINER ALS
C     EPSILON.
      READ(5,10) ZM, EPS
   10 FORMAT(F10.3,E10.1)
      WRITE(6,20) ZM, ZM, EPS
   20 FORMAT(1H1,9X67HBERECHNUNG DER WAHRSCHEIN
     1LICHKEITSDICHTE W(M,X) UND DER KUMULATIVEN/10X
     236HVERTEILUNGSFUNKTION F(M,X) FUER M = ,F5.3,
     318H.BERECHNUNG BIS W(,F5.3,12H,X) KLEINER ,E8.1,/)
      NX = 0
      WX = EXP(-ZM)
      FX = WX
      WRITE(6,30) ZM, WX,ZM,FX
   30 FORMAT(1H0,//32X2H(,F5.3,7H, 0) = ,E10.4,
     110X2HF(,F5.3,7H, 0) = ,E10.4)
```

```
 35 NX = NX + 1
    WX = WX*(ZM/FLOAT(NX))
    FX = FX + WX
    WRITE(6,40) ZM,NX,WX, ZM,NX,FX
 40 FORMAT(1H0/32X2HW(,F5.3,1H,,I2,4H) =,
   1E10.4,10X2HF(,F5.3,1H,,I2,H) =,E10.4)
    IF (WX.LT.EPS) STOP
    GO TO 35
    END
```

Das Programm berechnet die Wahrscheinlichkeitsdichte W(M,x) und die kumulative Verteilungsfunktion F(M,x) der Poissonverteilung für beliebigen Mittelwert und unterer Schranke von W(M,x)

ZM ist der Mittelwert
EPS ist untere Schranke

Übung 7:

```
      SUBROUTINE RANG (X,R, TIERUN,N)
C BERECHNUNG DES RANGS UND DER TIES DER WERTE
C EINES VEKTORS X, PROGRAMM BERECHNET MAXIMAL 100
C ZAHLENWERTE
      DIMENSION X(N),RX(100),ITIE(100),TIERUN(N)
      DIMENSION R(N)
      DO 1 I = 1,N
      RK = 0.0
      DO 2 J = 1,N
      IF(X)I).GE.X(J)) RK = RK + 1
    2 CONTINUE
    1 RX(I) = RK
      DO 3 I = 1,N
      XK = 0.0
      DO 4 J = 1,N
      IF(RX(I) – RX(J))4,100,4
  100 XK = XK + 1
    4 CONTINUE
      ITIE(I) = XK
    3 R(I) = RX(I)–(XK–1.)/2.
      DO 5 J = 2,N
      RUN = 0.0
      DO 6 I = 1,N
      IF(ITIE(I).EQ.J) RUN = RUN + 1
```

```
  6 CONTINUE
  5 TIERUN(J) = RUN/J
    RETURN
    END
    SUBROUTINE RNGKOR(X,Y,RS,N)
C BERECHNUNG DES SPEARMANSCHEN RANGKORRELA-
C TIONSKOEFFIZIENTEN NUR IN VERBINDUNG MIT
C SUBROUTINE RANG
C BERECHNUNG ERFOLGT NUR FUER MAXIMAL 100 ZAHLEN-
C WERTE
C X UND Y SIND VEKTOREN
C RS IST DER SPEARMANSCHE RANGKORRELATIONSKOEFFI-
C ZIENT
C N IST DIE ZAHL DER VEKTORKOMPONENTEN
    DATA TIEXS, TIEYS, DIFF/3*0.0/
    DIMENSION X(N), Y(N), TIEX(100), TIEY(100)
    DIMENSION RX(100). RY(100)
    QOUT(J) = (J*J-1)*J/12.
    CALL RANG(X,R,X,TIEX,N)
    CALL RANG (Y,RY,TIEY,N)
    DO 1 J = 2,N
    TIEXS = TIEXS + TIEX(J)*QUOT(J)
  1 TIEYS = TIEYS + TIEY(J)*QUOT(J)
    SUMX = QUOT(N) – TIEXS
    SUMY = QUOT(N) – TIEYS
    DO 2 I = 1,N
  2 DIFF = DIFF + (RX(I)–RY(I))**2
    RS = (SUMX + SUMY–DIFF)/(2.*SQRT(SUMX*SUMY))
    RETURN
    END
```

Die SUBROUTINE RNGKOR berechnet den Spearmanschen Rangkorrelationskoeffizienten RS zweier Vektoren X und Y mit je N Komponenten unter Aufruf der SUBROUTINE RANG, die den Rangvektor R der N Komponenten eines Vektors X ermittelt, wobei gleichzeitig Zahl und Art der Bindungen übertragen wird (TIERUN).

Übung 8:

```
    SUBROUTINE MWUTST(X,Y,UXY,UYX,NX,NY,Z)
    DIMENSION X(500), Y(500), TIEX(500), RX(500)
    NXY = NX
```

```
      DO 1 I = 1,NY
      NXY = NXY + 1
    1 X(NXY) = Y(I)
      CALL RANG(X,RX,TIEX,NXY)
      R1 = 0.0
      DO 2 I = 1,NX
    2 R1 = R1 + RX(I)
      UXY = NX*NY + NX*(NX + 1)/2.-R1
      UYX = NX*NY-UXY
      XNY1 = NX*NY*(NX + NY + 1)/12.
      Z = (UXY-NX*NY/2.)/(SQRT(XNY1))
      RETURN
      END
```

Die SUBROUTINE MWUTST ermittelt die Prüfgrößen UXY und UYX zweier Vektoren X und Y mit NX und NY Komponenten zuzüglich der Testgröße Z unter Aufruf der SUBROUTINE RANG der Übung 7.

Literaturverzeichnis

BURROUGHS B 7000/B 6000 Series FORTRAN Reference Manual, January 1978, Ref.: 5001506.

CDC FORTRAN Extended Version 4, Reference Manual, Ref.: 60497800.

IBM-System/360 und 370, Die FORTRAN IV-Sprache, IBM-Form GC12-1137-1.

SIEMENS-System 7.000/4004, FORTRAN-Compiler FOR1, Best.-Nr.: D15/5526-02 N1.

SPERRY UNIVAC 1100 Series, FORTRAN (ASCII) Programmer Reference, Ref.: UP-8244 Rev. 2.

Sachregister